123 SUPERSCHLAUE DINGE, DIE DU ÜBER DAS KLIMA WISSEN MUSST

Mathilda Masters
mit Illustrationen von Louize Perdieus

123 SUPERSCHLAUE DINGE die du über das KLIMA wissen musst

Aus dem Niederländischen
von Stefanie Ochel

Carl Hanser Verlag

INHALT

VORWORT

Liebe Leserin und lieber Leser,

ich freue mich sehr, dass du dieses Buch lesen willst, denn es ist ein wichtiges Buch. Eigentlich müssten es alle lesen. Es geht nämlich um zwei superwichtige Themen: das Klima und die Umwelt.

Das Klima unserer Erde verändert sich. Das hat es zwar schon immer getan, aber heute geht es um mehr. Die Durchschnittstemperatur der Erde steigt viel schneller als je zuvor, und schuld daran ist der Mensch. Die Erderwärmung hat große Folgen. Das Eis an den Polen schmilzt, es gibt immer häufiger Stürme, und wir müssen uns gut überlegen, wie wir es in Zukunft schaffen wollen, genug Nahrung für alle zu produzieren.

Auch unsere Umwelt ist krank. Wälder verschwinden, und Tiere sterben aus. Dabei produziert die Menschheit viel mehr Müll, als die Natur verkraften kann. Sogar an der tiefsten Stelle des Ozeans liegt Plastik.

Zum Glück suchen immer mehr schlaue Menschen nach Lösungen für all diese Probleme, aber leider gibt es immer noch welche, die behaupten, es sei alles gar nicht so schlimm. Wenn du diesen Leuten etwas erwidern willst, findest du in diesem Buch die passenden Informationen dazu.

Die 123 superschlauen Dinge in diesem Buch habe ich gemeinsam mit Hans Bruyninckx zusammengestellt. Hans ist Chef der Europäischen Umweltagentur, wo man sich besonders gut mit der Umwelt und dem Klima auskennt. Der Wissenschaftsjournalist Ilja van Braeckel hat am Ende alles noch einmal durchgelesen, um zu prüfen, dass sich auch ja keine Fehler in die Texte eingeschlichen haben. Die Illustratorin Louize Perdieus hat zu jeder Info eine tolle Zeichnung angefertigt.

Und jetzt wünsche ich dir ganz viel Spaß auf deiner Entdeckungsreise – und vergiss nicht, das Licht auszumachen, wenn du abends fertig gelesen hast!

Mathilda Masters

-1-

ALLES IST VERBUNDEN

1 WETTER HIN ODER HER – AUF DAS KLIMA KOMMT ES AN

Das Klima ist das Wetter, das an einem bestimmten Ort auf der Erde am meisten vorkommt. Wissenschaftler*innen betrachten die Wetterlage in einer Gegend über einen Zeitraum von etwa dreißig Jahren und errechnen daraus einen Durchschnitt. Das Klima hängt von vielen verschiedenen Umständen ab, die alle zusammenwirken. Eine besonders wichtige Rolle spielt dabei die Sonne.

Wie du schon weißt, dreht sich die Erde um die Sonne. Deren Strahlen treffen direkter auf die Mitte der Erde – den Äquator – als auf die beiden Pole. Das bedeutet, am Äquator ist die Sonnenstrahlung am stärksten. Dadurch haben wir ein warmes und tropisches Klima um den Äquator und ein kaltes Klima am Nord- und Südpol. Dazwischen liegen Gebiete mit gemäßigtem Klima – da ist es normalerweise nicht so warm wie am Äquator und nicht so kalt wie an den Polen.

Die Sonne sorgt auch dafür, dass der Wind bläst und dass es im Meer Strömungen gibt. Denn: Warme Luft verdrängt kalte Luft, und warmes Wasser verdrängt kaltes Wasser. Warmluft steigt nach oben. Trifft sie auf kalte Luft, entsteht Wind.

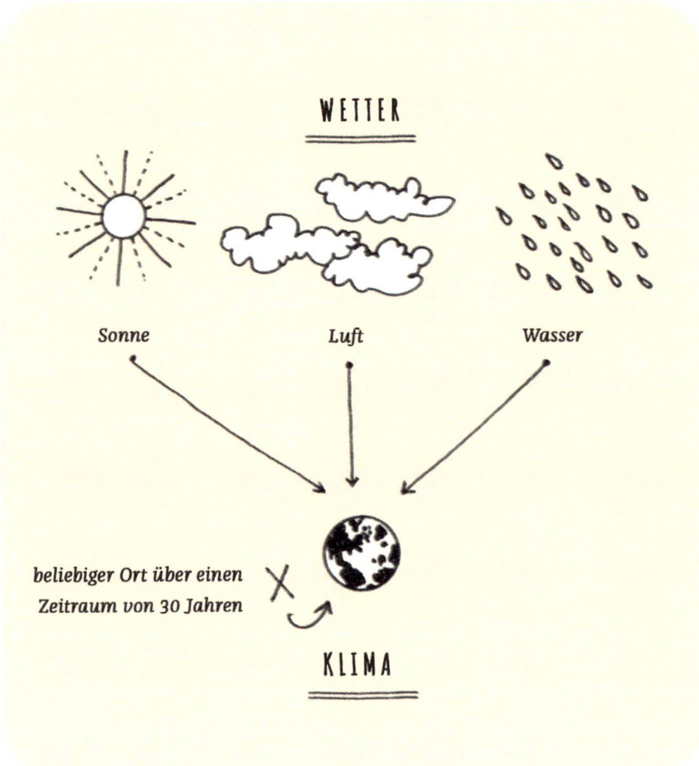

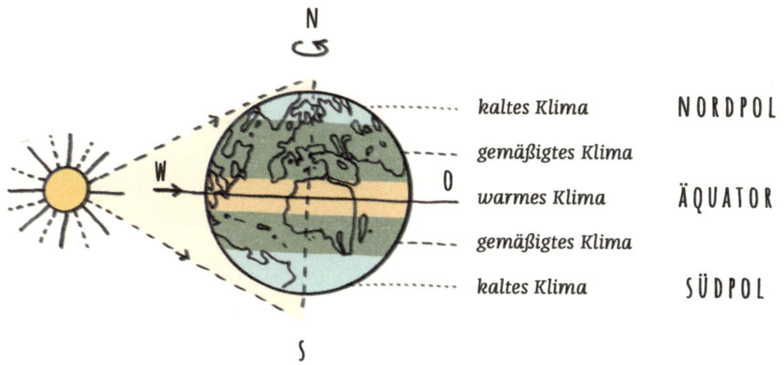

Auch im Meer entstehen durch Temperaturunterschiede Strömungen. Das Fachwort dafür heißt Konvektion. Der Wind und die Strömungen im Wasser funktionieren ein bisschen wie ein gigantisches Förderband: Sie transportieren die Wärme von einem Teil der Erde an einen anderen.

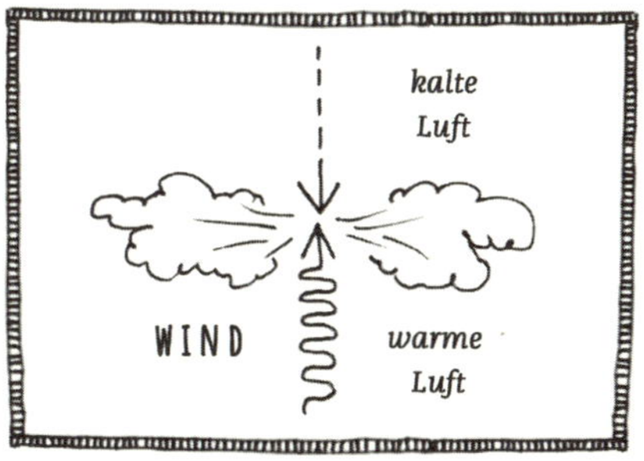

Am Klima können wir wenig ändern – zum Glück! Sonst würden wir vielleicht immer schönstes Sommerwetter bestellen und es nie regnen lassen – und würden früher oder später in einer Wüste leben.

Aber dass wir das Wetter nicht bestimmen können, heißt nicht, dass wir Menschen keinen Einfluss auf das Klima haben – im Gegenteil. Darüber erfährst du mehr in diesem Buch.

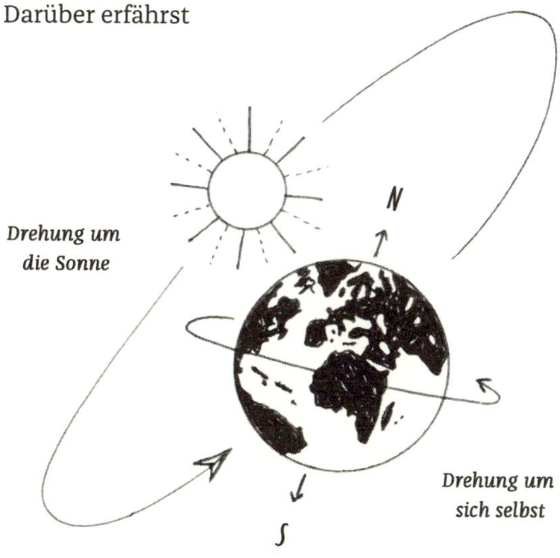

2 WETTERLEUTE UND IHRE GLASKUGELN

Hast du dich auch schon mal gefragt, wie die Wetterleute im Fernsehen das Wetter vorhersagen können? Dafür haben sie eine ganze Reihe von Instrumenten. Manche davon gibt es schon seit dem fünfzehnten Jahrhundert!

- Schon 1452 entwickelten die Italiener eine Art frühes Hygrometer zur Messung der Luftfeuchtigkeit. Dabei handelte es sich um eine Waagschale, an der ein kleiner Schwamm hing. Da ein nasser Schwamm schwerer ist als ein trockener, konnte die Feuchtigkeit am Gewicht abgelesen werden. Sehr genau waren diese Geräte allerdings nicht.
  Ab dem siebzehnten Jahrhundert nutzten die Menschen auch gerne Wetterhäuschen, um das Wetter anzuzeigen. Diese hübschen Holzhäuschen verfügten über zwei Türen. Hinter der einen stand ein kleiner Mann mit Regenschirm, hinter der anderen eine Frau mit Sonnenschirm. Befestigt wurden sie mit einem Stück Schafdarm, der bei Trockenheit kürzer und bei Feuchtigkeit länger wurde. So kam bei warmem, trockenem Wetter die Frau zum Vorschein – und bei Nässe der Mann.

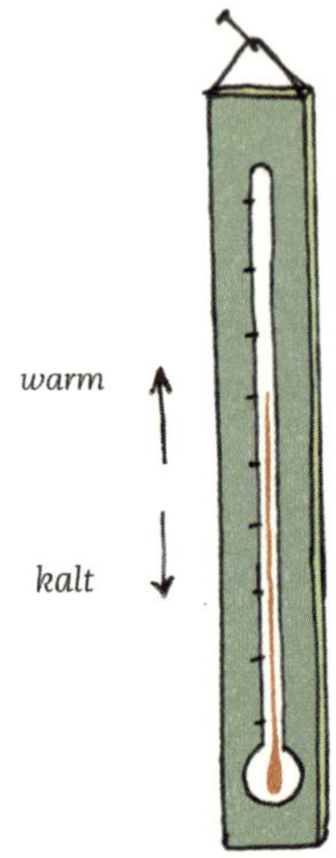

Thermometer

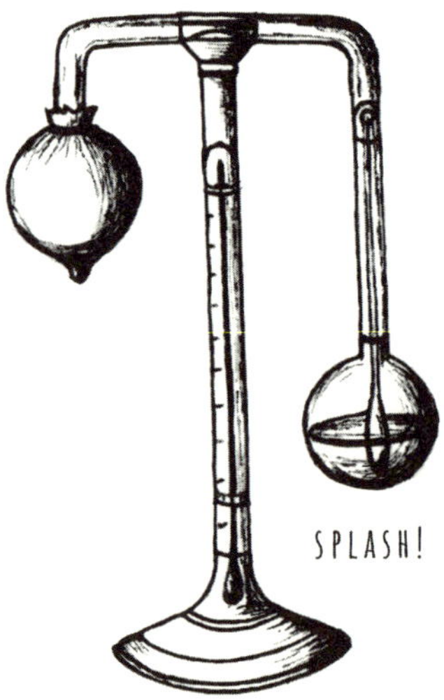

Hygrometer

- Galileo Galilei erfand schon im sechzehnten Jahrhundert eine Art Thermometer zur Temperaturmessung. Das Galileo-Thermometer bestand aus einer geschlossenen, mit Wasser gefüllten Röhre, in der kleine Glaskugeln schwebten. Die Glaskugeln enthielten eine farbige Flüssigkeit und waren unten mit einem kleinen Gewicht versehen. An der Schwebehöhe der Kugeln im Wasser ließ sich mehr oder weniger genau abmessen, wie warm es war. Im siebzehnten Jahrhundert kam dann Daniel Fahrenheit auf die Idee, als Thermometerflüssigkeit Quecksilber zu verwenden, um die Messung genauer zu

Wetterhäuschen

machen. Quecksilberthermometer kommen heute noch in manchen Bereichen zum Einsatz.

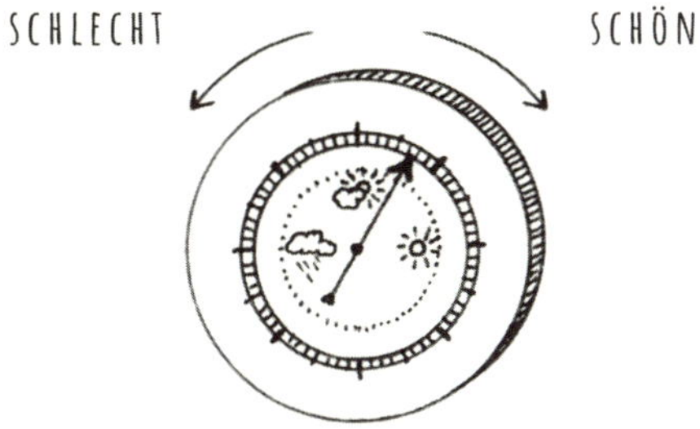

Barometer

- Das Gewicht der Luft übt auf die Erde eine Kraft aus, die man Luftdruck nennt. Den kann man mit einem Barometer messen. Ändert sich der Luftdruck schnell, steht ein Wetterwechsel an. Steigender Luftdruck bedeutet meistens, dass das Wetter schöner wird; bei sinkendem Luftdruck machst du dich am besten auf die Suche nach deinen Regenstiefeln.

- Die Windgeschwindigkeit wird mit einem Anemometer gemessen. Das ist ein hoher Mast mit einer Art Windrad oben drauf, das aus drei oder vier Schalen besteht. Je stärker der Wind weht, umso schneller dreht sich das Rad. Die durchschnittliche Windstärke wird nach der Beaufortskala angegeben. Diese Skala geht von 0 bis 12, wobei 0 für Windstille und 12 für Orkanstärke steht. Bei Windstärke 8 musst du dich schon ordentlich dagegenstemmen: Das ist ein stürmischer Wind mit Böen von 62 bis 74 Stundenkilometern. Halt bloß deine Mütze fest!

Anemometer

* HEUTE IST ES DRÜCKEND WARM UND FEUCHT.

Wetterballon mit Radiosonde

3 LASS DOCH MAL EINEN BALLON STEIGEN

Vielleicht hast du ja auch schon mal hoch oben in der Luft einen weißen Ballon gesehen, an dem eine Art Kiste hing. Wahrscheinlich handelte es sich dabei um einen **Wetterballon** mit einer **Radiosonde**. Auf Wetterstationen werden zweimal täglich solche Ballons steigen gelassen. Sie sind mit Helium gefüllt und steigen 17 bis 35 Kilometer hoch. Je höher sie steigen, desto größer werden sie, weil die Luft stetig dünner wird und der Luftdruck abfällt. Je weniger Druck auf die Außenseite einwirkt, desto weiter kann der Ballon sich ausdehnen. Zwei Stunden dauert so ein Ballonflug im Durchschnitt. Während dieser Zeit werden die Lufttemperatur, die Feuchtigkeit und der Luftdruck gemessen, und all diese Daten werden an die Wetterstation gesendet. Weltweit gibt es fast 10 000 solcher Stationen. Mithilfe der übermittelten Daten können dann die Wetterexpert*innen Vorhersagen über das Wetter treffen. Spezielle Wetterballons mit einer **Ozonsonde** messen außerdem den Gehalt an Ozon in der Luft. Darüber erfährst du mehr in **Info 8**.

In deinem Garten ist ein Wetterballon gelandet? Dann darfst du ihn behalten oder im Sondermüll entsorgen – außer, es handelt sich um eine Ozonsonde. Dann hängt oft eine Karte mit der Adresse der Wetterstation dran. Dort freuen sie sich nämlich, wenn sie ihre Ozonsonde zurückbekommen – es gibt dafür sogar einen Finderlohn vom Deutschen Wetterdienst.

4 KLIMA UND UMWELT HÄNGEN IMMER ZUSAMMEN

Unter der Umwelt verstehen wir die Umgebung, in der wir leben. Dazu gehören die Luft, die wir atmen, das Wasser und der Erdboden. Die natürliche Umwelt besteht aus allen Lebewesen und den nicht lebenden Dingen, die nicht menschengemacht sind: Felsen, Wasser, Sand, aber auch Pflanzen und Tiere. All diese Dinge sind miteinander verbunden und aufeinander angewiesen. Menschen und viele andere Tiere brauchen saubere Luft zum Atmen. Pflanzen sorgen für Sauerstoff, aber brauchen dafür in der Regel sauberes Wasser und nährstoffreichen Boden.

Klima und Umwelt hängen eng zusammen. Bestimmte Pflanzen und Tiere kommen nur in bestimmten Klimazonen vor. Das sehr trockene und warme Klima der Wüste ist zum Beispiel ideal geeignet für Kamele und Kakteen. Elche und Wölfe hingegen sind in kalten Gegenden mit großen Wäldern anzutreffen. Pinguine und Seehunde lieben eiskaltes Wasser. Schmetterlinge und Bienen sieht man häufiger in wärmeren Gegenden, wo viele Blumen und Blühpflanzen wachsen. Die Gesamtheit solcher Wechselbeziehungen in einem Lebensraum nennen wir Ökosystem. Ökosysteme sind oft Millionen Jahre alt und verändern sich meist nur sehr langsam.

Das hat sich durch uns Menschen gewandelt. Wir stören nämlich das Gleichgewicht in der Natur, indem wir zum Beispiel Wälder abholzen und das Wasser und die Luft verschmutzen, und in den letzten Jahren auch mehr und mehr durch unseren Einfluss auf das Klima. Dadurch sind viele Tiere ausgestorben oder kommen in Gegenden, wo viele Menschen leben, fast nicht mehr vor. Sie ersticken am Plastikabfall, den wir überall zurücklassen, oder sie finden keine Nahrung mehr, weil die Meere entweder verschmutzt oder überfischt sind. Was schlecht für die Umwelt ist, ist darum auch schlecht für den Menschen. Denn auch wir, die Menschen, sind Teil dieser Umwelt.

Ökosystem

5 DIE SONNE SCHICKT UNS 10 000-MAL MEHR ENERGIE, ALS WIR BENÖTIGEN

Die Sonne ist wie ein gigantisches Kraftwerk, das uns 8700-mal so viel Energie schickt, wie wir auf der ganzen Welt brauchen, um alles am Laufen zu halten. Zum Glück erreichen nicht alle Sonnenstrahlen die Erdoberfläche. Etwa ein Drittel der Strahlung wird direkt ins All zurückgeworfen – durch Wolken, Schnee, Eis und Wasser auf der Erdoberfläche und andere reflektierende Flächen. Das nennt man Albedo (mehr dazu in Info 32). Zwei Drittel der Sonnenstrahlen werden von der Erdoberfläche und der Atmosphäre absorbiert (also aufgenommen). Einen Teil dieser Energie gibt die Erde als Infrarotstrahlen wieder ab, die wir als Wärme wahrnehmen. Du hast richtig gelesen: Die Sonne erwärmt die Erde, und die Erde erwärmt die Luft.

Ein Teil der Wärme, die die Erde abgibt, verpufft ins Weltall, aber ein anderer Teil wird durch die Gase in der Atmosphäre zurückgeworfen (siehe nächste Info). Das Gleichgewicht zwischen den aufgenommenen und abgegebenen Strahlen nennt man die Strahlungsbilanz der Erde. Dieses Gleichgewicht ist sehr wichtig.

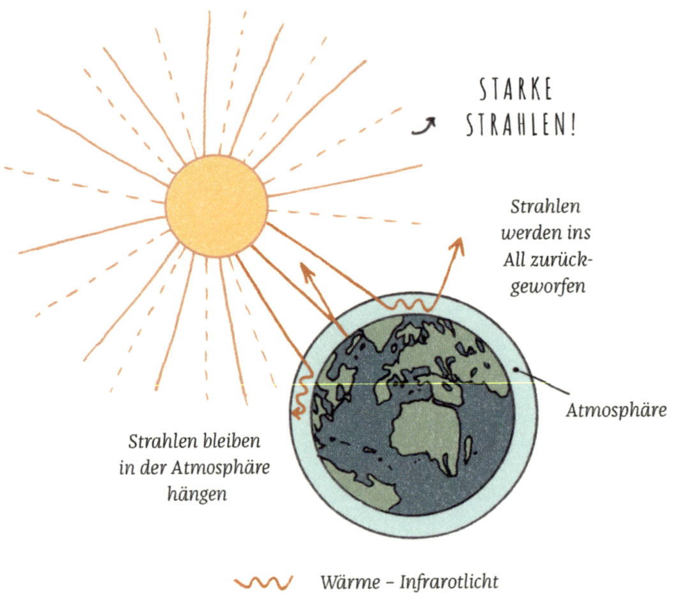

ERDATMOSPHÄRE

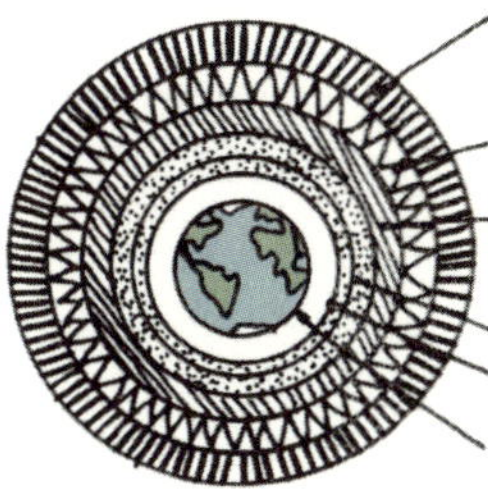

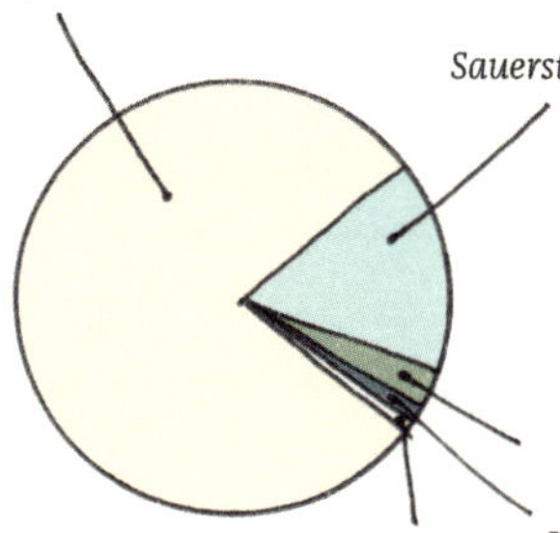

6 DIE ERDE IST EIN ENORMES TREIBHAUS

Du hast vielleicht schon mal ein Treibhaus oder Gewächshaus gesehen. Das sind große gläserne Häuser, in denen Gemüse, Obst, Blumen oder andere Pflanzen gezüchtet werden. Die Sonne scheint durch die Glasscheiben und erwärmt das Haus. Diese Wärme wird im Innern gespeichert, wodurch die Pflanzen wachsen können, auch wenn es draußen (zu) kalt ist.

Auch unser Planet ist eine Art Treibhaus – er ist zwar nicht von Glas umgeben, aber dafür von einem Gemisch aus verschiedenen Gasen, das wir Atmosphäre nennen. Das Gasgemisch besteht zum größten Teil aus Stickstoff (78 %) und Sauerstoff (21 %). Der restliche Teil (1 %) besteht hauptsächlich aus Argon, aber auch aus Treibhausgasen wie Kohlendioxid, Methan und Lachgas. Diese Gase wirken wie die Glashülle eines Treibhauses um unsere Erde. Tagsüber erwärmt die Sonne die Oberfläche unseres Planeten. Wenn die Erde nachts wieder abkühlt, halten die Treibhausgase wie das Dach und die Wände eines Treibhauses die Wärme fest. Dadurch ist es in vielen Gegenden der Erde schön warm, sodass alles Mögliche wachsen und blühen kann. Ohne die Treibhausgase wäre es auf der Erde viel kälter, nämlich im Durchschnitt –18 °C anstatt der weltweiten Durchschnittstemperatur von 15 °C, die wir heute haben. Das wäre also ein Unterschied von 33 °C. Das Leben auf unserem Planeten würde sehr anders aussehen.

Wir brauchen also diese Treibhausgase zum Überleben. Doch es gibt ein Problem: Gelangen zu viele Treibhausgase in die Atmosphäre, wird es auf der Erde immer wärmer – mit großen und gefährlichen Folgen. Das Eis an den Polen schmilzt, wodurch mehr Wasser in die Meere und Ozeane (so nennt man die großen Meere zwischen den Kontinenten) gelangt. Dadurch können ganze Landstriche überflutet werden. Während an manchen Orten vor Trockenheit nichts mehr wächst, stehen andere unter Wasser. Es gibt auch häufiger Stürme und Orkane. Das alles sind Folgen des Klimawandels. In diesem Buch erfährst du, wie wir Menschen dafür mitverantwortlich sind.

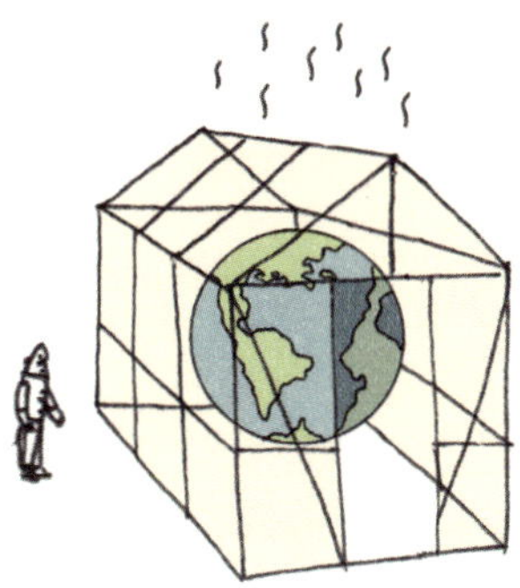

7 DU BIST EINE KLEINE CO_2-FABRIK

Einatmen: Deine Lunge füllt sich mit Sauerstoff. Ausatmen: Aus deinem Mund strömt eine Wolke Kohlendioxid. Das ist ganz normal. Alle Tiere, die Sauerstoff (O_2) einatmen, produzieren Kohlendioxid, CO_2. Pflanzen verwandeln es bei der Fotosynthese wieder in Sauerstoff (siehe auch Info 9).

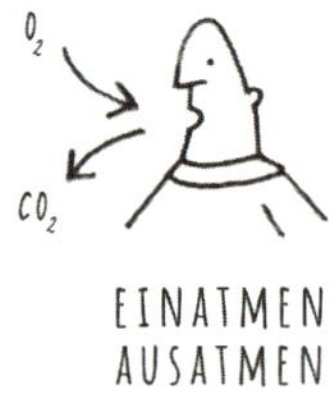

Aber nicht nur durch Menschen und Tiere, die ausatmen, gelangt Kohlendioxid in die Atmosphäre. Der größte Teil entsteht bei der Verbrennung fossiler Brennstoffe, nämlich Erdöl, Erdgas, Steinkohle und Braunkohle. Diese Stoffe sind aus den Überresten von Pflanzen und Tieren entstanden, die schon seit Millionen von Jahren tot im Erdboden liegen und dort zusammengepresst wurden. Der Mensch entdeckte irgendwann, dass diese Stoffe sehr gut brennbar sind und viel Energie liefern. Also nutzte er sie, um Maschinen anzutreiben, Autos fahren zu lassen, Häuser zu beheizen, Fabriken zu betreiben und vieles mehr. Aber leider wird eben bei der Verbrennung dieser Stoffe sehr viel Kohlendioxid freigesetzt, das in der Atmosphäre verbleibt und für die Erwärmung der Erde mitverantwortlich ist. CO_2 kann man nicht hören, spüren, schmecken, riechen oder sehen – aber es ist da.

Wasserdampf, Methan, Lachgas und Ozon sind andere natürliche Treibhausgase in der Atmosphäre. Wasserdampf entsteht, wenn Wasser aufgrund der Sonnenwärme verdunstet. Er sorgt dafür, dass warme Luft von warmen Gegenden der Erde in kältere geleitet wird. Methan wird vor allem von Wiederkäuern wie Kühen produziert und ist ebenfalls mitverantwortlich für die Erwärmung des Planeten. Lachgas (in der Fachsprache Distickstoffmonoxid) ist ein sehr starkes Treibhausgas, das aus gedüngten Böden freigesetzt wird. Das Treibhausgas Ozon hat sowohl positive als auch negative Eigenschaften: Zwar schützt es die Erde vor der schädlichen Ultraviolettstrahlung der Sonne (mehr dazu in Info 8). Das Leben auf der Erde wäre ohne die Ozonschicht schwer möglich.

Wenn sich das Ozon aber zu nah an der Erde befindet, kann es sich negativ auswirken (mehr dazu in Info 56). Dann kann es nämlich unsere Lunge angreifen und das Wachstum der Pflanzen behindern.

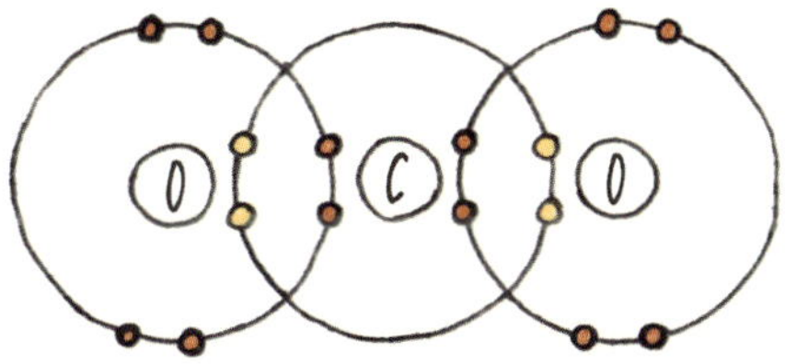

chemische Verbindung Kohlendioxid

8 VORSICHT VOR DEM GROSSEN LOCH ...

Ein Tag am Strand, und du hast die Sonnencreme vergessen. Als du nach Hause gehst, bist du längst krebsrot. Autsch, tut das weh! Bedank dich bei den ultravioletten Strahlen der Sonne – sie sind die Übeltäter.

Zum Glück gibt es ein Gas, das die meisten ultravioletten Strahlen von der Erde fernhält. Es heißt Ozon oder auch O_3, denn es besteht aus drei Sauerstoffatomen. Die Ozonschicht befindet sich in der Stratosphäre, in den Tropen etwa 20 Kilometer über dem Erdboden, bei uns auf etwa 12 Kilometern und an den beiden Polen noch nächer an der Erde. Sie ist unheimlich wichtig für unseren Planeten – wenn sie nicht wäre, könnten wir auf der Erde gar nicht leben.

zu wenig O_3 in der Atmosphäre

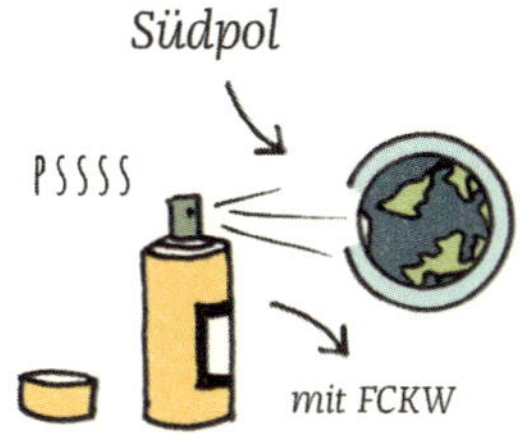

Loch in der Ozonschicht

In den Siebzigerjahren des zwanzigsten Jahrhunderts entdeckten Wissenschaftler*innen, dass mit der Ozonschicht etwas nicht stimmte. Sie wurde immer dünner und bekam große Löcher, vor allem über dem Südpol. Das lag an den Fluorchlorkohlenwasserstoffen, kurz FCKW. Diese befanden sich unter anderem in Sprühdosen etwa mit Haarspray sowie in Kühlschränken und Gefriertruhen. Wenn diese FCKW auf Ozonmoleküle treffen, spalten sie eines der drei Sauerstoffatome ab. Übrig bleibt nur O_2, also Sauerstoff, der die Ultraviolettstrahlung einfach durchlässt. Zum Glück einigten sich schließlich viele Länder darauf, FCKW zu verbieten. Es dauerte aber ziemlich lange, bis sich die Ozonschicht erholte. Am größten war das Ozonloch im Jahr 2000: so groß wie ganz Nordamerika. 2017 aber konnte man auf Satellitenbildern deutlich sehen, dass es geschrumpft war. Die Forschung behält die Ozonschicht immer gut im Auge. Durch den Klimawandel könnten neue große Löcher entstehen, aber es kann auch sein, dass die Ozonschicht so dick wird, dass nicht mehr genug ultraviolettes Licht durchdringt. Ein Loch ist zwar schlecht ... aber zu dick darf die Schicht auch nicht sein.

9 SOLANGE ES GRÜN GIBT, KÖNNEN WIR ATMEN

Vor sehr langer Zeit bestand die Erdatmosphäre vor allem aus Kohlendioxid, Sauerstoff gab es nicht. Irgendwann wuchsen die ersten Algen in den Ozeanen, die sich von Kohlendioxid ernährten und gleichzeitig Sauerstoff produzierten. Sehr viel später entstanden dann die ersten Lebewesen, die den Sauerstoff zum Atmen nutzten. So kam der Kohlenstoffkreislauf zustande. Die Blätter und Nadeln der Pflanzen und Bäume sowie die meisten Algen und auch einige Bakterien ziehen Kohlendioxid (CO_2) aus der Luft. Mithilfe von Wasser und Sonnenlicht wird das CO_2 in Zucker umgewandelt, den die Pflanze zum Wachstum braucht. Diesen Prozess nennen wir Fotosynthese. Gleichzeitig produzieren alle Pflanzen, Algen und Bakterien Sauerstoff, den Menschen und andere Tiere zum Leben benötigen. So sieht man, dass auf unserem Planeten alles miteinander verbunden ist. Alle Lebewesen brauchen sich gegenseitig.

Fotosynthese

Wälder, besonders Regenwälder, aber auch Seen und Meere mit Algen sind also für das Leben auf der Erde unentbehrlich. Eine große, hundert Jahre alte Eiche zum Beispiel gibt zehn Menschen genug Luft zum Atmen.

1 *Pflanze zieht Wasser aus dem Boden.*

2 *Blätter binden Kohlendioxid aus der Luft.*

3 *Blätter ziehen Energie aus dem Sonnenlicht.*

4 *Pflanze wandelt Wasser und Kohlendioxid in Zucker und Sauerstoff um.*

5 *Pflanze gibt den Sauerstoff an die Luft ab und nutzt den Zucker zum Wachstum.*

Die Taigawälder in Russland, Europa und Nordamerika und die Regenwälder in den Tropen nehmen besonders viel Kohlendioxid auf. In der Taiga stehen hauptsächlich Nadelbäume, die auch im Winter ihre Nadeln behalten und so andauernd CO_2 aus der Luft filtern. Laubbäume dagegen nehmen Kohlendioxid vor allem dann auf, wenn Blätter an den Bäumen hängen. Alle Bäume binden viel Feinstaub, was gut für die Umwelt und für unsere Gesundheit ist.

Auch Seegraswiesen in flachen Küstengewässern fangen viel Kohlendioxid ein – sogar 35-mal mehr als ein ähnlich großes Stück Regenwald. Es ist also unheimlich wichtig, dass wir die Wälder und Gewässer auf unserem Planeten gesund erhalten.

10 WÜSTEN LIEFERN FISCHEN NAHRUNG

Ein Drittel der Landfläche unseres Planeten besteht aus Wüste – trockene Sand- oder Eisflächen, auf denen so gut wie nichts wächst. Die trockenste von allen ist die Atacamawüste in Chile, wo in manchen Gegenden seit über vierhundert Jahren kein Tropfen Regen gefallen ist. Weil dort kaum Nahrung zu finden ist, leben nur wenige Tiere in dieser Wüste.

Und dennoch sind Wüsten ungeheuer wichtig für das Leben auf der Erde. Vielleicht glaubst du's nicht, aber ausgerechnet für Meeresbewohner stellen sie eine wichtige Nahrungsquelle dar. Im Wüstensand und -staub wohnen nämlich winzig kleine Organismen (Lebewesen), die man mit bloßem Auge nicht erkennt. Der Wind trägt den Sand und Staub durch die Luft, und etwa ein Viertel davon landet schließlich in den Meeren und Ozeanen. Die darin enthaltenen kleinen Organismen sind Nahrung für das tierische Plankton (mehr dazu in Info 11), wie zum Beispiel Krill. Das sind winzig kleine Krebstierchen, von denen sich manche Walarten und Fische ernähren. So sorgt ein winziges Lebewesen, das auf einem Sandkorn mitreisen kann, dafür, dass die Tiere im Meer genug zu fressen haben. Und die Menschen auch!

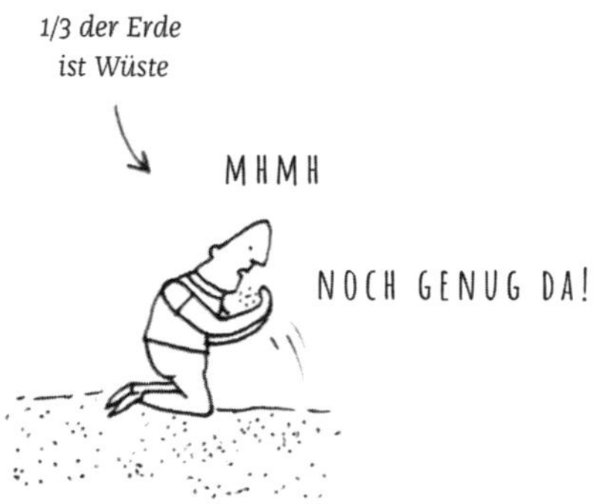

Die Sanddiät – von führenden Fischen empfohlen

11 DIE HÄLFTE DES SAUERSTOFFS, DEN WIR EINATMEN, KOMMT AUS DEM OZEAN

Unter Wasser können du und ich nicht atmen. Dabei sind unsere Ozeane und Meere voll mit Sauerstoff. Der wird vom sogenannten Phytoplankton produziert. Das besteht aus winzig kleinen Algen und Bakterien, die man nur unter dem Mikroskop erkennen kann. Das Phytoplankton vermehrt sich im Salzwasser und bewegt sich nicht selbstständig fort, sondern treibt mit den Strömungen mit. Um Energie zu gewinnen, nutzt es Fotosynthese: Es nimmt Kohlendioxid auf und produziert Sauerstoff. Und wie! Phytoplankton erzeugt mindestens die Hälfte des Sauerstoffs auf unserem Planeten!

Unter Wasser kann man nicht atmen.

Aber das ist noch nicht alles. Das pflanzliche Phytoplankton stellt auch die Nahrungsquelle für das tierische Plankton oder Zooplankton dar. Zum Zooplankton gehören winzig kleine Tiere, die man wie das Phytoplankton nur mit Mikroskop richtig erkennen kann. Diese können sich zwar selbst fortbewegen, aber nicht gegen die Strömung anschwimmen. Sie sind Nahrung für kleine Fische und Meerestiere, die wiederum selbst von größeren Fischen und Meerestieren gefressen werden. Auch manche Wale ernähren sich vom Zooplankton, zum Beispiel von Krill (kleinen Krebstieren).

Wahrscheinlich verstehst du jetzt, wie wichtig es ist, dass das Phytoplankton gut gedeihen kann. Es sorgt nicht nur für einen Großteil des lebensnotwendigen Sauerstoffs, sondern bildet auch die Basis der Nahrungskette unter Wasser. Darum müssen wir die Ozeane und Meere unbedingt sauber halten.

Bonus-Info:

Wusstest du, dass auch Quallen zum tierischen Plankton zählen? Sie bestehen nämlich zu 98 % aus Wasser und sind nicht stark genug, um gegen die Strömung anzuschwimmen.

Phytoplankton und Zooplankton

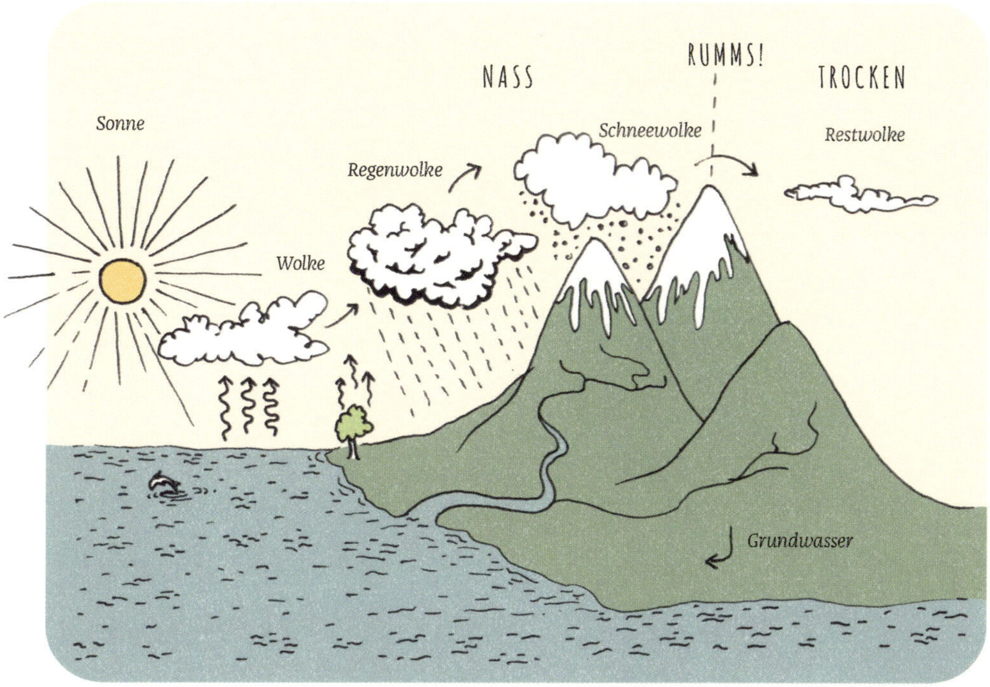

Hindernisparcours für Wolken

12 DA STEHT EIN BERG IM WEG

In der Wüste ist es sehr trocken. Das liegt daran, dass es dort fast keinen Niederschlag gibt. Die Menge Regen, Schnee und Hagel, die an einem Ort fällt, hängt von verschiedenen Faktoren ab. Zum Beispiel kann es sein, dass ein Berg im Weg steht.

Eine Wolke ist eigentlich eine Art riesiger, mit Wasser gefüllter Ballon. Das Wasser darin ist aus Meeren, Seen, Flüssen und Wäldern verdunstet. Der Wind bläst die enormen Wasserballons über die Erde, bis sie zum Beispiel auf einen Berg treffen. Dort steigen die Wolken auf, kühlen ab und lassen Schnee oder Regen fallen. Die andere Seite des Bergs bekommt viel weniger Niederschlag ab, wodurch das Tal auf einer Seite viel trockener sein kann als auf der anderen. Nehmen wir zum Beispiel die Skanden, eine Bergkette auf der Grenze zwischen Norwegen und Schweden. Dank der Berge regnet es in Norwegen mehr als in Schweden. Manchmal bekommt das Tal auf der schwedischen Seite so wenig Niederschlag, dass eine Wüste entsteht. Andere Beispiele für sogenannte Regenschattenwüsten sind die Atacamawüste in Chile, das Death Valley in den USA und die Wüste Gobi in Asien.

Wusstest du schon, dass es nicht in allen Wüsten heiß ist? In den Polarwüsten fällt zwar nur wenig Regen, aber es ist bitterkalt. Es stimmt auch nicht, dass der Wüstenboden immer unfruchtbar sein muss. In manchen Wüsten genügt ein einziger heftiger Regenfall, und alles verändert sich. Auf einmal sprießen und blühen alle möglichen Pflanzen. Nur leider kann der Boden das Wasser nicht gut speichern, sodass all das Grün auch wieder sehr schnell verschwindet. Trotzdem ist der Wüstensand oft fruchtbarer, als man denkt.

13 UNSER PLANET SOLLTE LIEBER »WASSER« HEISSEN

Aus dem Weltraum sieht man, dass wir auf einem Blauen Planeten leben, denn Ozeane und Meere bedecken sage und schreibe zwei Drittel der Erdoberfläche. Darum ist es eigentlich komisch, dass wir unseren Planeten »Erde« und nicht »Wasser« nennen. Die Ozeane sind im Durchschnitt 4000 Meter tief, aber der allertiefste Punkt – der Marianengraben – befindet sich über 10 000 Meter unter dem Meeresspiegel. Die fünf Ozeane enthalten 97 % des weltweiten Wasservorkommens.

Wenn die Sonne scheint, verdunstet ein Teil des Wassers aus dem Meer. Beim Abkühlen des Wasserdampfs bilden sich kolossale Wolken, die bis zu 85 Kilometer hochsteigen können. Die Sonnenstrahlen prallen an den enormen Wolken ab und werden in den Weltraum zurückgeworfen. Durch die Reflexion des Sonnenlichts sorgen die Wolken dafür, dass die Temperatur auf der Erde nicht zu hoch ansteigt.

Die Wolken werden vom Wind fortgeblasen und transportieren so das Süßwasser über die ganze Welt. An verschiedenen Orten fällt das Wasser in Form von Regen, Schnee oder Hagel wieder auf die Erde. Für Menschen und andere Tiere sowie für Pflanzen ist dieses Süßwasser lebensnotwendig – ohne wäre an Land kein Leben möglich. Nicht nur die Verdunstung, auch die kalten und warmen Strömungen im Meer sind für alle Lebewesen lebenswichtig, denn sie sorgen für die Umverteilung der Wärme auf der Erde. Außerdem nehmen die Ozeane auch viel Wärme aus der Atmosphäre auf.

Wenn sich nun aber die Ozeane zu stark erwärmen, wird das ganze Gleichgewicht gestört. Wärmeres Wasser verdunstet schneller, wodurch zum Beispiel häufigere und heftigere Stürme entstehen. Auch unter Wasser verändert sich das Leben, wenn das Wasser wärmer wird. Darüber erfährst du in verschiedenen Kapiteln dieses Buches mehr.

14 EIN GLAS GLETSCHERWASSER GEFÄLLIG?

An manchen Orten ist es immer kalt, und es schneit lange Zeit am Stück. Der Schnee bleibt liegen, und die Schneedecke wird immer stärker von dem fallenden Schnee zusammengepresst, bis daraus schließlich ganz festes Eis wird. Diese großen Eis- und Schneemassen werden Gletscher genannt. Sie bedecken etwa ein Zehntel der gesamten Landfläche der Erde.

Im Allgemeinen sind Gletscher ziemlich groß, auch die kleinsten haben immer noch die Fläche eines Fußballfeldes. Der größte Gletscher befindet sich in Antarktika am Südpol: der Lambertgletscher. Er ist 430 Kilometer lang und 100 Kilometer breit. Aufgrund der Schwerkraft sind die Gletscher ständig in Bewegung und verändern ihre Form. Man kann es zwar nicht mit bloßem Auge sehen, aber sie rutschen langsam talabwärts. Manchmal bricht ein Stück ab und landet im Meer, wo es zum Eisberg wird. Mit Satelliten, die die Erde umkreisen, behalten Wissenschaftler*innen die Gletscher gut im Auge. So können sie beobachten, ob die Gletscher kleiner oder größer werden und wie dick die Eisschicht ist.

Gletscher gibt es so gut wie überall auf der Erde. Der einzige Kontinent ohne Gletscher ist Australien. Sogar in der Nähe des Äquators, wie in Ecuador und Mexiko, gibt es welche. Die Gletscher enthalten einen großen Teil des Süßwassers der Erde. Nur 2,1 % des Wassers auf unserem Planeten ist süß und damit trinkbar – und davon sind 69 % in den Gletschern gebunden. Vielleicht war das Wasser, das du gerade trinkst, ja auch einst in einem Gletscher festgefroren.

EINMAL LAMBERT ON THE ROCKS, BITTE SCHÖN!

15 NORD- UND SÜDPOL SIND DIE KLIMAANLAGE UNSERES PLANETEN

An den beiden Endpunkten der Erdachse befinden sich die Pole. Obwohl es die kältesten Orte auf der Erde sind, gibt es dort auch Jahreszeiten. Der Nordpol im Norden besteht vollständig aus Meereis. Eigentlich handelt es sich um einen riesigen gefrorenen Ozean, unter dem sich kein Land befindet: der Arktische Ozean. Am Nordpol herrscht eine Durchschnittstemperatur von -16 °C. Im Winter wächst das Meereis am Nordpol stark an, im Sommer schmilzt es gegenwärtig fast vollständig weg. Auf Grönland bedeckt das Eis zwar eine Landfläche, doch gehört Grönland nicht zum Nordpol. Der grönländische Eisschild ist zwischen 1000 und 4000 Meter dick. Am Nordpol und auf Grönland sind unter anderem Eisbären und Seehunde zu Hause.

Mit einer Durchschnittstemperatur von -52 °C ist die Antarktis - die Gegend um den Südpol - der kälteste Ort der Erde. Der Südpol ist schon seit über 30 Millionen Jahren (also mehr als 30 000 000 Jahren) gefroren. Im Zentrum ist das Eis über 4000 Meter dick. Wenn im Frühling ein Teil des Eises schmilzt, ist der Ozean voll mit Tieren wie Pinguinen und Walen. Das liegt daran, dass im Winter unter dem Meereis Algen wachsen. Man kann es mit dem saftigen Gras auf einer Wiese vergleichen. Der umherschwebende Krill ist verrückt nach den Algen und futtert sich daran satt. Doch sobald es zu tauen beginnt, kommen Pinguine und andere Tiere dazu, um Jagd auf den Krill zu machen. Auch Wale schwimmen zum Südpol, weil sie wissen, dass dort zu dieser Jahreszeit reichlich Nahrung zu finden ist. Fast alle Buckelwale, die noch in unseren Ozeanen leben, schauen im Frühling mal im Krill-Restaurant am Südpol vorbei. Und die Schwertwale finden die herumschwimmenden zarten Pinguine und Seehunde einfach köstlich. Albatrosse und andere Meeresvögel versuchen, hier und da ein paar Reste von den Mahlzeiten der anderen Tiere aufzupicken.

Die Eisdecken am Nord- und Südpol sind riesige weiße Schilde, die die Sonnenstrahlen reflektieren. Sie bilden die natürliche Klimaanlage unseres Planeten. Je kleiner diese Schilde werden, desto weniger reflektieren sie natürlich. Der Ozean ist dunkler als das Eis und nimmt mehr Wärme auf. Wenn die Klimaanlage zu klein ist, kann sie die Erde nicht mehr ausreichend abkühlen.

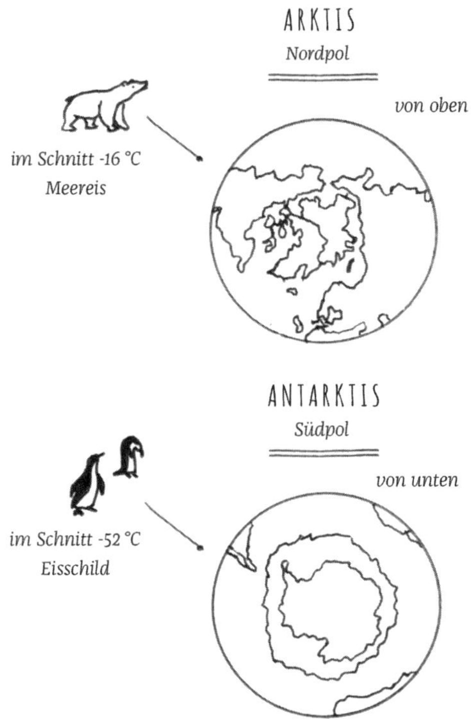

Die Klimaanlage läuft auf vollen Touren.

GO WITH THE FLOW!

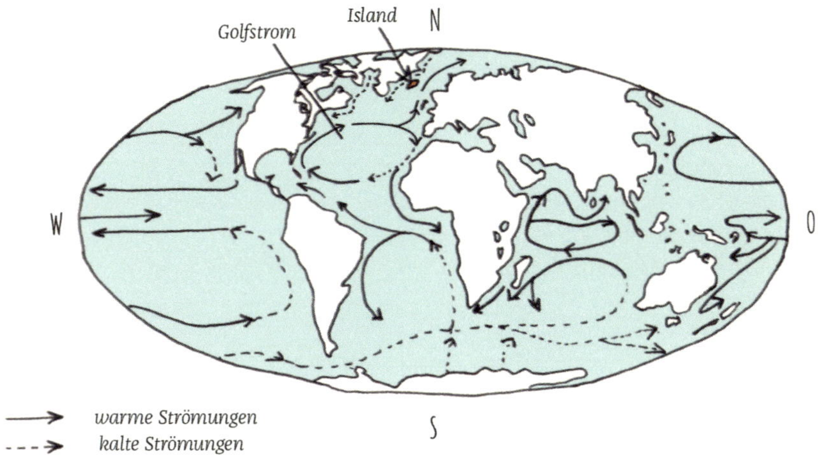

16 ISLAND IST GAR NICHT SO KALT, WIE DU DENKST

Obwohl Island nicht so weit vom Nordpol entfernt liegt und der Name eigentlich »Eisland« bedeutet – wie man etwa am englischen Namen Iceland noch erkennen kann –, ist es dort gar nicht so schrecklich kalt. Natürlich wird es im Winter ziemlich winterlich – aber wusstest du, dass die Durchschnittstemperatur in der Hauptstadt Reykjavik 5 °C beträgt? Das ist viel höher als zum Beispiel in Alaska, was ungefähr genauso weit vom Nordpol entfernt ist. Dort liegt die Jahresdurchschnittstemperatur bei nur –3 °C.

Dass es in Island wärmer ist, liegt am Golfstrom. Der beginnt im Golf von Mexiko und führt warmes Wasser aus der Karibik nach Nordosten. Im Nordatlantik spaltet sich der Irmingerstrom ab und fließt an die Süd- und Westküste Islands. Der Strom erwärmt die Luft, weshalb es in Island im Durchschnitt wärmer ist als in Alaska. So beeinflusst warmes Wasser aus der Karibik das Klima in einem Land, das Tausende Kilometer weiter nördlich liegt.

17 VON EIN PAAR TAUSEND ZU 7 MILLIARDEN

Vor ungefähr 300 000 Jahren entstand Homo sapiens, der Mensch, wie wir ihn heute noch kennen. Das klingt lange her, aber wenn man weiß, dass die Erde schon seit über 4,5 Milliarden Jahren besteht, ist es eigentlich ein ziemlich kurzer Zeitraum. Am Anfang waren wir nicht viele: nur ein paar Hunderttausend. Noch bis vor 5000 Jahren gab es auf unserem Planeten weniger als 20 Millionen Menschen. Langsam, aber sicher vermehrten wir uns. Im Jahr 1500 waren wir schon 500 Millionen, und nur dreihundert Jahre später hatten wir die Milliardenmarke geknackt. Ab da ging es richtig schnell. Um 1900 lebten 1,6 Milliarden Menschen auf der Erde, und nur ein Jahrhundert später – also im Jahr 2000 – waren es stolze 6,3 Milliarden. Inzwischen sind wir fast 8 Milliarden, und jeden Tag kommen etwa 227 000 Menschen dazu. Die meisten von uns wohnen in China (1,39 Milliarden) und in Indien (1,34 Milliarden). Schätzungen zufolge wird die Weltbevölkerung bis zum Ende dieses Jahrhunderts auf 10 Milliarden anwachsen.

Das ist viel. Sehr viel. Vor allem, weil alle Menschen saubere Luft, sauberes Trinkwasser und Nahrung benötigen. Außerdem verbrauchen die Menschen in reichen Ländern viel mehr, als die Erde produzieren kann. Wenn jeder Mensch auf der Erde so viel verbraucht, wie wir es jetzt tun, wird unsere einzige Erde nicht mehr reichen, um genug Nahrung zu produzieren und all unseren Müll zu verarbeiten. Leider gibt es aber noch keinen Ersatzplaneten für die Menschheit.

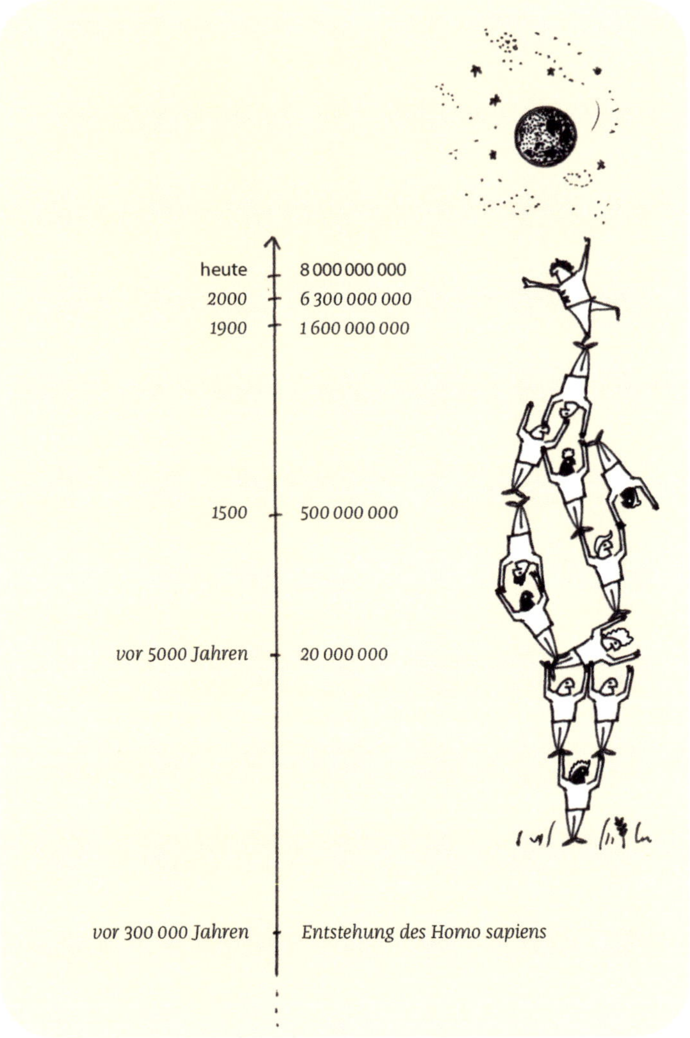

18 WIR LEBEN AUF (SEHR) GROSSEM FUSS

1992 entwickelten zwei kanadische Forscher eine Methode, um zu messen, wie viele Rohstoffe, wie viel Wasser und Land verschiedene Länder und ihre Bewohner*innen für Nahrung und andere Produkte verbrauchen. Sie nannten das Ganze den ökologischen Fußabdruck. Er lässt sich für eine Person oder ein Land oder auch ein einzelnes Produkt berechnen. Dein ökologischer Fußabdruck gibt an, wie viel an Grundstoffen, Wasser und Landfläche dein Lebensstil erfordert. Dabei geht es um Nahrung, Fortbewegung, Kleidung, Heizung, Gegenstände, die du kaufst, und so weiter. Außerdem wird die Abfallmenge, die ein Mensch oder ein Land produziert, mit einberechnet. Der Fußabdruck wird in Hektar Land und Wasserfläche angegeben, die nötig sind, um all deine Gebrauchsgüter und Nahrungsmittel zu erzeugen und deinen Müll zu verwerten. Ein Hektar entspricht 10 000 Quadratmetern, das ist etwas mehr als zwei kleine Fußballfelder.

Würden wir alle Rohstoffe gerecht verteilen, hätte jeder von uns Anspruch auf 1,8 Hektar (etwas weniger als vier Fußballfelder). Das wäre der gerechte Erdanteil (*fair earth share*). Im Durchschnitt verbrauchen wir aber weltweit fast 2,8 Hektar pro Person. Das liegt vor allem daran, dass die reichen Länder auf zu großem Fuß leben. So liegt der ökologische Fußabdruck eines Durchschnittseuropäers bei 4,4 Hektar und der eines durchschnittlichen US-Amerikaners sogar bei 9 Hektar. In den Vereinigten Arabischen Emiraten liegt der ökologische Fußabdruck im Schnitt sogar bei 10 Hektar. In Afrika dagegen ist er deutlich kleiner: durchschnittlich 1,1 Hektar pro Person. Dort verbrauchen die Menschen also deutlich weniger, als die pro Person verfügbare Fläche hergibt. Das ist schon ein großer Unterschied, oder? Wir Vielverbraucher sollten also unbedingt versuchen, unseren persönlichen Fußabdruck durch den bewussten Umgang mit verschiedenen Dingen stark zu verkleinern.

Nach Ländern betrachtet haben China, die USA und Indien den größten ökologischen Fußabdruck. Das liegt daran, dass viele Gegenstände in Indien und China produziert werden, aber auch daran, dass es so viele Menschen sind. In den USA kommt es vor allem dadurch, dass die Menschen viel verbrauchen und viel Abfall produzieren.

Deinen eigenen ökologischen Fußabdruck kannst du zum Beispiel hier berechnen: www.fussabdruck.de/

Wie groß ist dein Wasserfußabdruck?

19 ES GIBT NUR WENIG SÜSSWASSER AUF DER ERDE

In Info 13 konntest du lesen, dass zwei Drittel der Erdoberfläche mit Wasser bedeckt sind. Das sind natürlich vor allem die salzigen Ozeane und Meere. Nur mickrige 3 % des gesamten Wasservorkommens auf der Erde sind Süßwasser. Und von diesem kleinen bisschen können wir nur einen winzigen Teil überhaupt nutzen …

Dabei haben alle Lebewesen auf der Erde Wasser (vor allem Süßwasser) zum Überleben nötig: Pflanzen, Menschen und sehr viele andere Tiere. Wir brauchen es zum Trinken und um uns, unsere Kleidung, unser Geschirr und vieles mehr zu waschen. Landwirt*innen brauchen Wasser, um ihre Pflanzen sprießen zu lassen. Fabriken brauchen es zur Produktion von verschiedenen Gütern. Um zum Beispiel ein T-Shirt herzustellen, werden vom Anbau der Baumwolle bis zum Färben des Stoffs etwa 2700 Liter Wasser benötigt. Für eine Jeans sind wir schon bei gut 7500 Litern. Für ein Kilo Hühnerfleisch sind 3900 Liter nötig und für ein Kilo Rindfleisch sogar 15 500 Liter. Ein Blatt Papier im A4-Format kostet 10 Liter Wasser.

Wie bei dem ökologischen Fußabdruck gibt es auch eine Formel, um deinen Wasserfußabdruck zu berechnen. Zunächst geht es um das Wasser, das bei dir zu Hause aus dem Hahn kommt, das du zum Trinken, Waschen, Putzen, Kochen und so weiter benutzt. Hinzu kommt das Wasser, das zur Herstellung aller Produkte nötig ist, die du so kaufst. Dazu gehören Produkte, die in deinem Land hergestellt werden, aber auch solche, die aus Fabriken in weit entfernten Ländern stammen. Oft sind das Länder, die viel weniger Wasser zur Verfügung haben als wir. Wenn man all das zusammenzählt, verbraucht ein durchschnittlicher Deutscher um die 2 Millionen Liter pro Jahr. Das entspricht fast einem randvollen olympischen Schwimmbecken. Und nur 2 % von diesem Wasser kommt aus unserem eigenen Wasserhahn, der Rest versteckt sich in den Gegenständen, die wir kaufen. Unser Verbrauch ist viel höher als der des durchschnittlichen Erdenbewohners.

Wir sollten alle darauf achten, unseren Wasserfußabdruck zu verkleinern – indem wir auf den Wasserverbrauch zu Hause achten und uns gut überlegen, was für Produkte wir kaufen.

20 DIE MEHRZAHL DER SÄUGETIERE AUF DER WELT SIND NUTZTIERE

Mit dem Beginn der Landwirtschaft fing der Mensch an, Tiere zu zähmen. Es war ja auch einfacher, morgens eine Kuh zu melken oder sich von den Hühnern schnell ein Ei zu schnappen, als für ein Stück Fleisch auf die Jagd zu gehen oder ewig nach einem Nest mit Eiern zu suchen. Das Zusammenleben zwischen dem Menschen und den gezähmten Tieren klappte so gut, dass sie heute ziemlich viele sind.

- Sage und schreibe 1,5 Milliarden Kühe grasen auf der Erde. Allein ein Drittel davon lebt in Indien. Zu den Kühen müssen wir noch die 175 Millionen zahmen Wasserbüffel hinzurechnen, die vor allem in Asien zu finden sind.

- Die 1,1 Milliarden Schafe verteilen sich hauptsächlich über China, Australien und Indien. Die Hälfte der einen Milliarde Schweine lebt in China. Wenn wir noch die 860 Millionen Ziegen, 60 Millionen Pferde und 40 Millionen Esel dazurechnen, kommen wir auf 4,7 Milliarden Säugetiere, die als Nutztiere gehalten werden. Und dabei haben wir die 900 Millionen Hunde und 625 Millionen Katzen, die als Haustiere leben, noch gar nicht mitgezählt.

- Und wir können die Sache noch weiterspinnen. 70 % aller Vögel auf der Welt sind Geflügel, allen voran Hühner. Schätzungen zufolge leben etwa 19 Milliarden Hühner auf der Erde, das sind fast drei Hühner pro Person. Die meisten Hühner und Eier werden in China verspeist – was natürlich auch daran liegt, dass dort so viele Menschen leben.

- All diese Tiere beanspruchen natürlich auch immer ein Fleckchen Erde, auf dem sie leben können. Und sie müssen fressen. Von der gesamten Bodenfläche, die wir für den Ackerbau nutzen, werden mehr als zwei Drittel zum Anbau von Viehfutter verwendet. Und natürlich brauchen die Tiere auch Trinkwasser (siehe Info 19). Indem du wenig oder gar kein Fleisch isst, kannst du dazu beitragen, dass uns genug Ackerfläche und Wasser bleiben, um alle Menschen zu ernähren. Wenn dir der Verzicht sehr schwer fällt, kannst du für den Anfang vielleicht pro Woche einen Veggietag einlegen und damit an einer weltweiten Bewegung von Menschen teilnehmen, die sich dazu verpflichten, den eigenen Fleischkonsum zu reduzieren. In einigen Schulen und Kantinen in Deutschland gilt heute schon: Donnerstag ist Veggietag. Wenn ganz viele von uns wenigstens einen Veggietag pro Woche einhalten würden, hätte das großen Einfluss auf das Klima und die Umwelt.

21 ALLES IST VERBUNDEN

Alles auf der Erde ist miteinander verbunden. Im Grunde ist der Planet selbst ein einziges großes Ökosystem – so nennt man die Gesamtheit aller Pflanzen, Tiere und Mikroorganismen in einer Umgebung. Sie alle hängen voneinander ab. Besser gesagt: Sie können nicht ohne einander.

Jedes Ökosystem besteht aus zwei Teilen: einem Biotop und einer Biozönose (Lebensgemeinschaft). Unter dem Biotop versteht man die jeweilige Umgebung, also den Lebensraum. Die Biozönose besteht aus allem, was dort grünt, blüht und lebt. Wälder, Ozeane, Korallenriffe, Wüsten, aber auch dein Garten oder die Topfpflanze in deinem Wohnzimmer sind Ökosysteme.

Oft geht es um Fressen und Gefressenwerden – das nennen wir die Nahrungskette. Ein Organismus (irgendein Lebewesen) frisst einen anderen Organismus, und die Überreste des einen Organismus stellen wiederum Nahrung für einen anderen Organismus dar. Komm mal mit uns in den Wald. Der ist voll mit grünen Organismen: Bäumen, Sträuchern, Blumen und Moosen. Die ziehen sich ihre Nahrung aus dem Boden. Für die Nahrung sorgen die Mikroorganismen und Insekten, die den Erdboden gesund erhalten. Würmer, Käfer, Raupen und andere Insekten fressen die grünen Blätter und Holzstücke, die auf dem Boden verrotten. Und während Frau Maus sich über einen zarten Käfer freut, ist Herr Maulwurf ganz verrückt nach Regenwürmern. Natürlich müssen die beiden gut aufpassen, dass sie nicht selbst bei einem Fuchs auf dem Speiseplan landen. In der Zwischenzeit holen die Bienen und andere Bestäuberinsekten den Nektar aus den Blüten und bestäuben damit andere Blüten. Vielleicht leben in diesem Wald ja auch Rehe oder Wildschweine, die Appetit auf saftige Blätter, Kastanien oder Eicheln haben. Ihre Kötel wiederum sind Leckerbissen für die Mistkäfer. Und in den Baumkronen bauen Vögel Nester für ihre Jungen. Von dort machen sie Jagd auf Insekten.

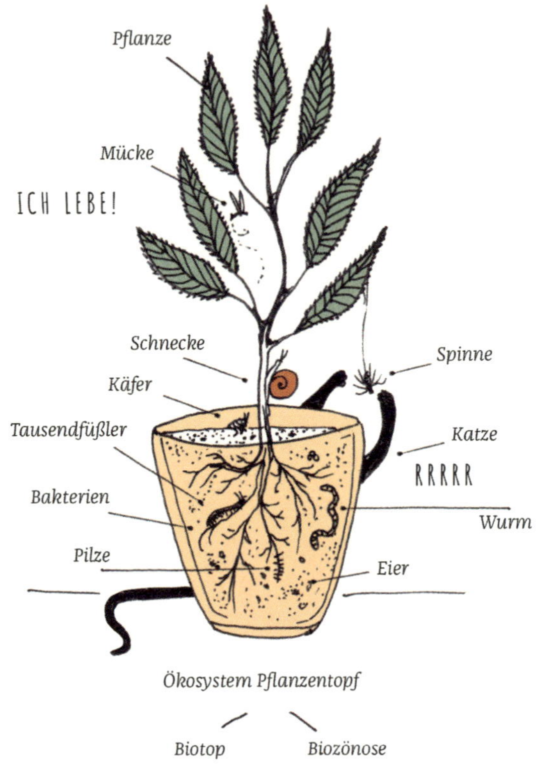

Die Aufzählung könnte noch eine Weile so weitergehen. Alles in diesem Wald ist also miteinander verbunden. Und wenn sich an dem Gleichgewicht etwas ändert, verändert sich das gesamte Ökosystem. Bei kleineren Veränderungen passt sich das System an. Aber große Veränderungen – wie zum Beispiel das Verschwinden bestimmter Tierarten – können dazu führen, dass das ganze System zusammenbricht.

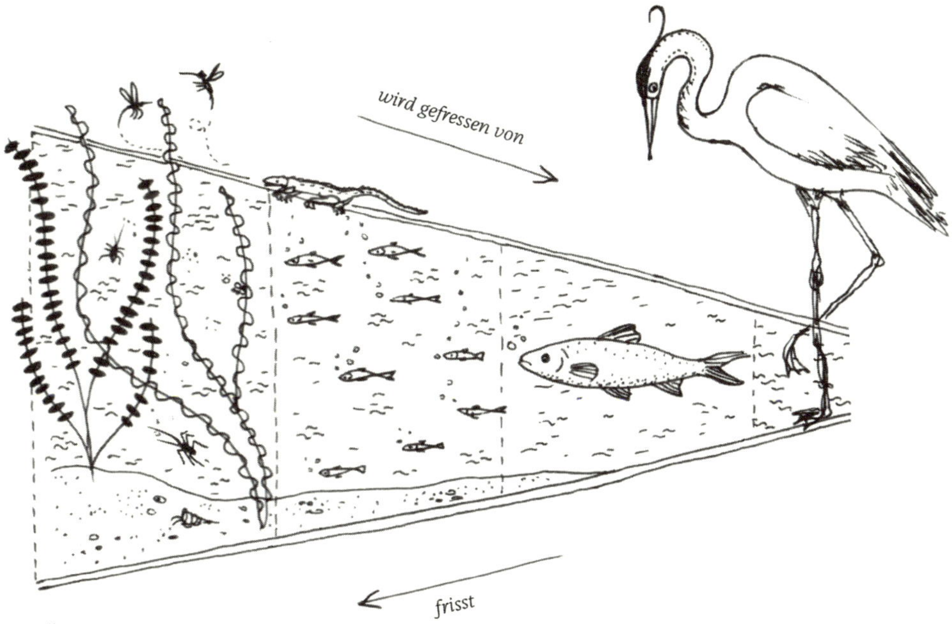

Nahrungskette

22 JA, WIR BRAUCHEN MÜCKEN

Mücken: Wahrscheinlich findest du sie nicht so toll. Nachts halten sie dich mit ihrem Gesumm wach, und dann stechen sie auch noch. Trotzdem sind sie wichtig, denn ihre Larven sind Nahrung für die Fische, und sie selbst werden von Vögeln und Reptilien gefressen.

Innerhalb eines Ökosystems gibt es viele verschiedene Arten von Pflanzen und Tieren. Das nennt man Biodiversität. »Bio« bedeutet »Leben«, und »Diversität« bedeutet »Verschiedenheit« oder »Vielfalt«. Um alles am Laufen zu halten, braucht es eine große Vielfalt an Pflanzen und Tieren. Die Verschiedenheit hält die Natur im Gleichgewicht. Bis heute haben Wissenschaftler*innen etwa 2 Millionen Pflanzen- und Tierarten gezählt, aber sie sind überzeugt, dass es noch viel mehr gibt.

Erstens sorgt die Biodiversität dafür, dass wir überhaupt Nahrung haben. Über 75 % aller Nahrungspflanzen und gut 90 % aller Blühpflanzen sind für ihr Wachstum oder ihre Vermehrung von Insekten und anderen Tieren abhängig. Hast du Appetit auf Äpfel und Birnen, Aprikosen und Pfirsiche oder Zucchini, Paprika und Kürbisse? Die gibt es nur dank bestimmter Tiere. Über 200 000 Tierarten sind an der Bestäubung und der Düngung von Pflanzen beteiligt. Ohne Biodiversität würden wir Hunger leiden.

Daneben holen wir auch Heilmittel, Rohstoffe für unsere Kleidung, Holz für unsere Häuser und Brennstoffe aus der Natur. Sogar für den Sauerstoff, den wir einatmen, sind wir auf Biodiversität angewiesen. Leider sterben immer mehr Tier- und Pflanzenarten aus, und schuld daran ist oft der Mensch. Ist eine Art einmal verschwunden, kommt sie auch nicht mehr zurück. Dadurch gerät das gesamte Ökosystem in Gefahr und kann sogar ganz verschwinden. Die Natur gibt uns so vieles, und das auch noch gratis, aber wenn wir sie nicht schützen, bekommen wir jedes Jahr etwas weniger.

23 OHNE KORALLENRIFFE GIBT ES KEIN LEBEN IM OZEAN

Korallenriffe – das sind die prächtigen bunten Unterwasserwelten, die in flachen Meeresabschnitten vorkommen. Sie bestehen aus Korallenpolypen. Diese Lebewesen aus der Klasse der Blumentiere scheiden Kalk aus, der die Basis des Steinkorallenriffs bildet. Etwa 0,1 % der Ozeanfläche ist mit Korallen bedeckt. Das klingt vielleicht nicht viel, aber die Ozeane sind natürlich auch sehr groß. Und die Korallen spielen eine unheimlich wichtige Rolle darin.

Die knallgrüne, blaue, orangene oder braune Farbenpracht der Korallenriffe entsteht dank der winzig kleinen Algen, die sich auf ihnen ansiedeln. Die Algen nutzen das Kohlendioxid und die Ausscheidungen der Koralle als Nahrung. Umgekehrt produzieren die Algen Sauerstoff und Nährstoffe, die die Koralle benötigt. Korallen und Algen sind also aufeinander angewiesen – ohneeinander können sie nicht überleben.

Ein gesundes Korallenriff bietet Nahrung für kleine Fische, die an den Algen grasen. Diese kleinen Fische ihrerseits sind Beutetiere für größere Raubfische. Die Koralle bietet den kleineren Fischen auch Schutz. Sie können sich darin vor größeren Fischen verstecken und auch ihre Eier ablegen. Wenn die Jungfische schlüpfen, sorgt die Koralle dafür, dass sie nicht sofort aufgefressen werden. Ein Viertel aller Fischarten ist zum

natürliche Wellenbrecher

Überleben auf die Korallen angewiesen. Je weniger Korallenriffe es gibt, desto weniger Fische würden die Fischer fangen und desto weniger Nahrung gibt es für den Menschen.

Aber Korallenriffe leisten noch mehr: Sie wirken nämlich wie Wellenbrecher und schützen so das Land vor Flutwellen und Überschwemmung. Wenn ein Korallenriff verschwindet, steigt bei Sturm das Risiko von Schäden entlang der Küsten.

Korallenriffe sind also ungeheuer wichtige Ökosysteme. Leider sterben immer mehr von ihnen ab. Und das ist eine Gefahr für das gesamte Leben im Meer, aber auch für den Menschen.

24 HAIE SICHERN UNS DAS ÜBERLEBEN

Glaubst du nicht? Ist aber so. Manche Haie sind wahre Raubtiere, die im Ozean an der Spitze der Nahrungskette stehen. Das bedeutet, dass sie viele verschiedene Tiere fressen, aber selbst kaum natürliche Feinde haben. Nur Schwertwale trauen sich, so einen Hai zu erbeuten. Die Haie fressen Meeressäuger, Vögel und Aas (also tote Tiere), aber es gibt auch Riesenhaie, die wie Wale Kiemen anstatt Zähnen haben und nur Plankton und Krill aus dem Wasser filtern. Kleine Haie in der Nordsee fressen am liebsten Muscheln.

Wenn Haie irgendwo aussterben, geht es mit ihrem früheren Lebensraum schnell bergab. Oft führt es dazu, dass eine bestimmte Fischart die Oberhand bekommt und andere Arten verdrängt. Diese anderen Arten aber können wichtig für ein Korallenriff sein. Wenn sie verschwinden, erkrankt die Koralle und stirbt. Und das ist nicht nur für den Ozean eine Katastrophe, sondern auch für uns (mehr dazu in Info 23).

Schon seit über 450 Millionen Jahren sorgt der Hai für die Gesunderhaltung unserer Meere und Ozeane. Doch leider läuft es zurzeit nicht besonders gut für ihn. Der Mensch jagt ihn wegen seiner Flossen, um Suppe daraus zu machen, und wegen seines Fleisches.

Es stimmt zwar, dass jedes Jahr etwa hundert Menschen von einem Hai angegriffen werden. Im Jahr 2018 überlebten fünf Menschen diesen Angriff nicht. Das ist aber nichts im Vergleich zu den 100 Millionen (100 000 000!) Haien, die der Mensch jährlich tötet. Jede Sekunde sterben drei Haie! Jetzt, wo du weißt, wie wichtig sie für die Gesundheit unserer Ozeane sind, verstehst du auch, wie katastrophal das ist!

MEERESLEIDEN?

Sprechstunde bei Doktor Hai

25 BOB DER BAUMEISTER IM MEER

Seegras, Schlickgras, Muscheln und Austern gehören zu den sogenannten Ökobaumeistern, die durch ihre Anwesenheit einen Lebensraum verändern können. Durch sie wird ein Bereich des Meeres wohnlicher für andere Lebewesen. Darin kann man sie mit Korallenriffen vergleichen.

Stell dir mal einen Kiesstrand vor. Bei hohem Wasserstand können die Pflanzen und Tiere, die darin hausen, zwischen den Kieselsteinen zermalmt werden. Bei Niedrigwasser trocknen sie in der Sonne aus. Schlickgras aber kann sie schützen, denn die Wurzeln halten die Steine fest und die Blätter bieten Schatten. So rutschen die Steine bei Flut nicht mehr weg, und die Pflanzen und Tiere trocknen bei Ebbe nicht mehr aus. Als Folge können mehr Organismen am Strand überleben, wodurch es auch mehr Nahrung für andere Tiere gibt.

Seegras erfüllt eine ähnliche Funktion. Es hält den Sand zurück, wodurch eine dicke Schlammschicht entsteht, in der kleine Krabben ihre Gänge graben, die Fische wiederum zur Eiablage nutzen können. An Stellen, wo Seegras wächst, können mehr unterschiedliche Tierarten leben – die Biodiversität steigt.

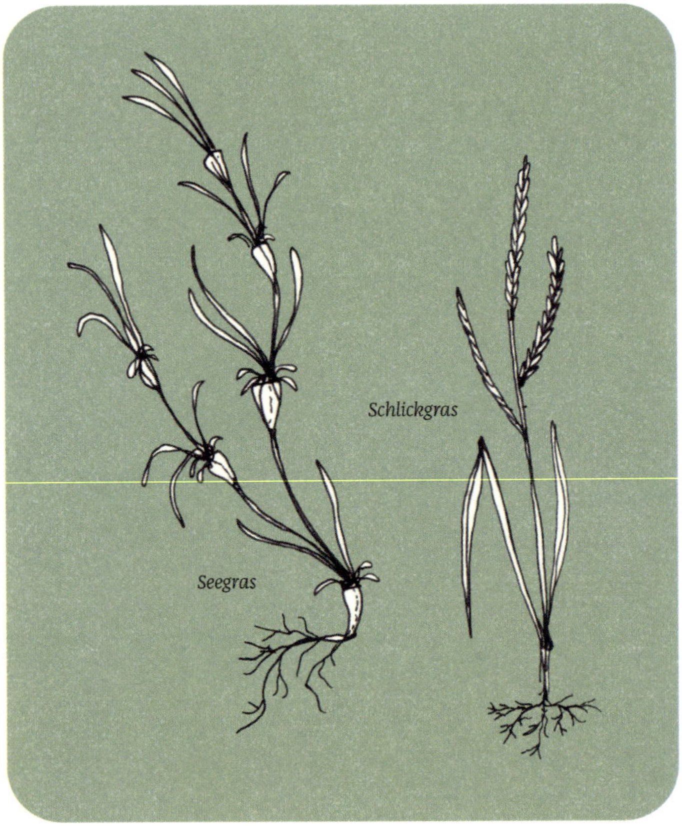

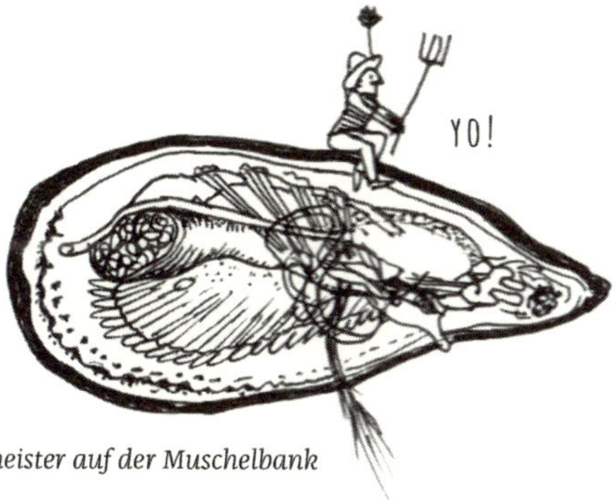

Baumeister auf der Muschelbank

Muscheln wie Austern wachsen aneinander fest und bilden so stabile Muschel- oder Austernbänke. Auf diesen siedeln sich andere Tiere wie zum Beispiel Schnecken oder Garnelen an, aber auch Seetang. So werden auch Fische, die sich von Schnecken und Garnelen ernähren, an die Bänke gelockt, genau wie Wasservögel, die wiederum die Fische fressen. Die Muscheln und Austern sorgen auch für die Reinigung des Wassers. Deshalb ist es so wichtig, dass wir in unseren Meeren Orte haben, an denen Krebstiere und Schalentiere, Seegras und Schlickgras ungestört wachsen können. Das erhöht die biologische Vielfalt und hält die Meere gesund.

All diese Ökobaumeister haben es zurzeit schwer. Sie leiden unter der Verschmutzung der Meere durch Chemikalien und Plastikmüll. Auch Schleppnetze der Fischerboote, die über den Meeresboden schrammen, zerstören die Pflanzen und die Bauwerke der Austern. Dadurch können sie ihre Arbeit nicht mehr gut erledigen.

26 NICHT NUR RAUPEN, AUCH ELEFANTEN LASSEN SICH DIE BLÄTTER SCHMECKEN

Der Miombo, eine Waldsavanne im südlichen Afrika, ist ein ziemlich einzigartiger Ort. Er liegt in einer großen Ebene, wo nur wenig Wasser und Nahrung zu finden sind. Im Sommer schlüpfen Raupen aus ihren Eiern, die die frischen Blätter von den Bäumen knabbern. Im Handumdrehen ist der ganze Wald kahl gefressen, und die Raupen wachsen in kurzer Zeit auf das Vierzigfache ihrer Größe an. Jetzt sind sie ein Leckerbissen für die menschlichen Bewohner des Miombo.

Sobald die Raupen verschwunden sind, bekommen die Bäume zum zweiten Mal Blätter. Alles grünt und blüht. Inzwischen ist die Ebene um den Wald ganz trocken geworden, sodass der Wald viele Säugetiere anlockt, vor allem Elefanten. Die fressen nicht nur die Blätter, sondern gleich auch die Äste der Miombo-Bäume mit. Ein ausgewachsener Elefant vertilgt davon gut 200 Kilo pro Tag. Die Elefanten sorgen so dafür, dass der dicht bewachsene Wald wieder offener wird. Das wiederum zieht andere Tiere an, wie zum Beispiel Antilopen. Auch wilde Hunde freuen sich über das

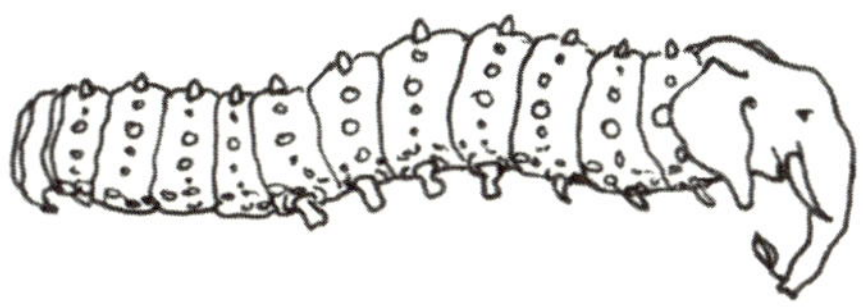

offene Waldgebiet, denn nur dort können sie gut Jagd auf Beute machen. Außerdem eignet sich der Wald besonders gut, um Erdhöhlen zu bauen. Dort ziehen sie ihren Nachwuchs auf und bringen ihm alles bei, was er zum Überleben braucht.

Die Raupen und die Elefanten sorgen gemeinsam für die Gesunderhaltung des Miombo-Walds, sodass er auch vielen anderen Tieren Unterschlupf bietet. Dieser Wald ist ein gutes Beispiel dafür, wie in der Natur alles miteinander verknüpft ist.

Der Nashornvogel hält den Wald in Schuss.

27 WIE KOT DEN WALD GESUND ERHÄLT

»Na klar«, sagst du jetzt bestimmt, »Mist ist ja auch Dung!« Und da hast du natürlich recht. Aber Tiermist bewirkt noch viel mehr. Ohne kann der Wald nicht bestehen.

Komm mit uns zu den Westghats, einer Bergkette in Indien, wo es verschiedene Arten von Regenwäldern gibt. Sie sind das Zuhause von fast 140 Säugetierarten, über fünfhundert Vogelarten, sehr vielen Schmetterlingsarten, zweihundert Reptilienarten und 180 Amphibienarten. Viele dieser Arten kommen nur in den Westghats vor und sind vom Aussterben bedroht.

In den Wäldern leben unter anderem Affen. Sie schlagen sich am liebsten mit Früchten den Bauch voll. Die Samen der Früchte werden später nicht oder halb verdaut wieder ausgeschieden, sodass neue Bäume wachsen können. Leider kommen die Affen nicht so weit herum, weshalb die Samen nur in der Nachbarschaft verstreut werden. Aber zum Glück wohnen dort auch die prächtigen Nashornvögel. Die sind verrückt nach Feigen, und so locken die Feigenbäume im Wald manchmal Hunderte Vögel an. Nachdem sie die Feigen gefressen haben, legen sie weite Strecken über dem Regenwald zurück. Unterwegs scheiden sie Kot aus, in dem sich noch die Samen der Feigen und anderer Obstbäume befinden. Diese können so weit entfernt von dem Ort, wo sie gefressen wurden, aufkeimen. Und so sorgen die Tiere im Regenwald dafür, dass der Wald erhalten bleibt und sich sogar ausbreiten kann. Ganz schön schlau, oder?

28 WIR HABEN KEINEN PLANETEN B

Vielleicht hast du diesen Spruch ja schon mal auf einem Plakat bei einer Klimademo gelesen – er besagt, dass die Erde der einzige Planet im ganzen Sonnensystem ist, auf dem Menschen es aushalten und überleben können. Die Temperatur ist gerade richtig, es gibt Sauerstoff zum Atmen, Trinkwasser, Schutz vor der Sonnenstrahlung und ausreichend Nahrung. Außerdem ist es hier auch noch richtig schön. Warum sollte man auf einem anderen Planeten leben wollen? Kein anderer Planet in der Nachbarschaft ist wirklich menschenfreundlich.

Nimm zum Beispiel den Merkur. Tagsüber herrschen da bis zu 465 °C, und nachts kühlt es auf bis zu −185 °C ab. Für Menschen und Tiere nicht gerade angenehm. Flüssiges Wasser gibt es nicht, und auch keine Atmosphäre. Das Ultraviolettlicht der Sonne scheint direkt auf die Oberfläche, wodurch wir nicht lange überleben würden. Dann vielleicht die Venus? Ach, lieber nicht ... da ist es nämlich ganz schön warm, so um die 475 °C. Außerdem ist sie in dicke Schwefelsäurewolken gehüllt – klingt nicht so gesund, wenn du uns fragst. Und auf dem Mars ist es dann wieder zu kalt. Zwar wurde dort mittlerweile flüssiges Wasser entdeckt, aber das befindet sich in einem großen unterirdischen Meer. Die Atmosphäre des Mars lässt außerdem zu viel Sonnenlicht durch. Also auch nicht wirklich wohnlich. Jupiter, Saturn, Uranus und Neptun sind Gasriesen, die weit weg von der Sonne sind. Dort ist auch kein Leben möglich.

Natürlich gibt es Forscher*innen, die nach Wegen suchen, wie wir irgendwann auf einen anderen Planeten umziehen könnten. Und vielleicht finden sie ja auch irgendwann wirklich einen, auf dem wir zumindest überleben könnten. Aber alle Lebewesen auf der Erde haben sich über Millionen von Jahren hinweg an unseren Planeten angepasst, sodass das Überleben an einem ganz anderen Ort schwierig wäre. Es ist also schlauer, sich dafür einzusetzen, dass wir den Planeten, den wir haben, weiterhin bewohnbar halten können.

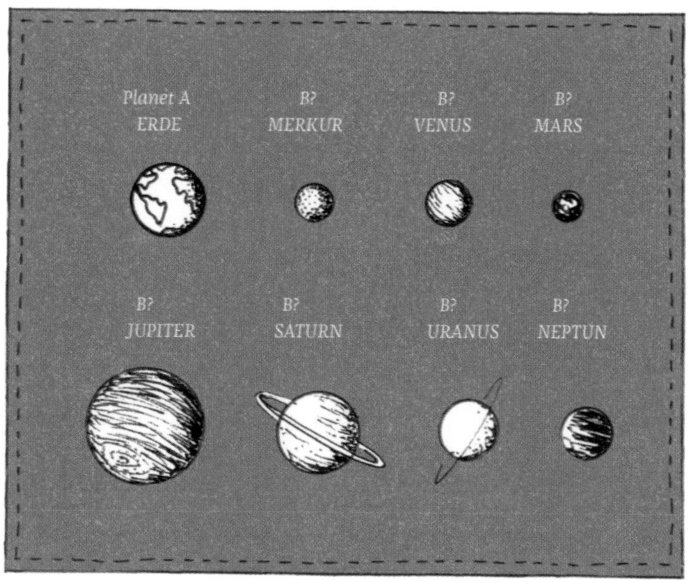

There is no planet B.

29 WIR UND DIE BLÜMCHEN KÖNNEN NICHT OHNE BIENCHEN

Vielleicht haben dir ja deine Eltern schon mal die Geschichten »Von den Bienchen und den Blümchen« erzählt. Da haben sie gut dran getan! Es ist nämlich eine unheimlich wichtige Geschichte, denn unsere Natur kann gar nicht ohne Bienen, Hummeln, Wespen und andere Brummer. Viele der Pflanzen, von denen wir uns ernähren, sind für die Bestäubung auf diese Insekten angewiesen. Wenn wir uns Äpfel, Birnen, Himbeeren, Brombeeren, Paprika, Zucchini, Kürbisse und viele andere Gemüse- und Obstsorten schmecken lassen wollen, brauchen wir sie. Bienen, Hummeln und Wespen werden von Blumen und Blüten angelockt. Sie krabbeln ins Innere der Blüte, um vom süßen Nektar zu trinken. Dabei bleiben Pollen (Blütenstaub) an ihrem Körper haften. Wenn sie auf einer anderen Blüte landen, fallen die Pollen wieder ab, wodurch die Pflanze bestäubt wird und Früchte entstehen können. So sorgen Biene & Co. dafür, dass wir Obst und Gemüse essen können.

die Blümchen und die Bienchen

Honigbienen machen aus dem Nektar Honig. Um ein Kilo Honig herzustellen, wird der Nektar von sage und schreibe 16 Millionen Blüten benötigt. Den Honig brauchen die Bienen, um über den Winter zu kommen, aber sie sind so nett, ihn mit uns zu teilen. Tagein, tagaus sammeln die

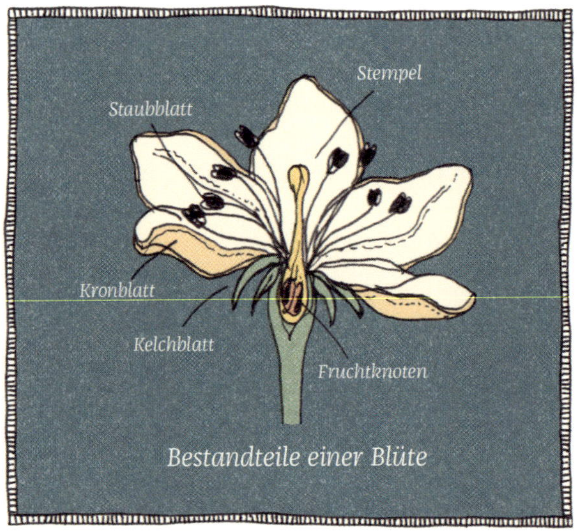

Bestandteile einer Blüte

Arbeiterinnen unermüdlich den kostbaren Nektar und bestäuben gleichzeitig Tausende Blüten. Ein Bienenvolk besteht im Durchschnitt aus etwa 20 000 Bienen.

Leider sind die Zeiten für Bienen nicht besonders rosig. In Europa ist bereits ein Drittel aller Bienenvölker ausgestorben. Ein Hauptgrund dafür ist ein Parasit – die Varroamilbe –, der die Bienen befällt und tötet. Aber auch der Mensch trägt Schuld am Bienensterben. Die Bienen finden immer weniger geeignete Blüten, die den Nektar enthalten, den sie brauchen. Und dann verwenden Landwirt*innen und Gärtner*innen auch oft giftige Stoffe oder Pestizide zur Schädlingsbekämpfung, die leider auch der Biene schaden. Ohne Bienen gäbe es keinen Honig mehr, und auch ein Großteil unserer restlichen Nahrung würde verschwinden. Und das wollen wir doch nicht zulassen, oder?

die größte Bedrohung für die Biene

Zum Glück kommen auch immer mehr Landwirt*innen dahinter, dass Bienen unverzichtbar sind. Sie verwenden weniger oder andere Pflanzenschutzmittel und halten auf ihren Feldern Abschnitte und Ecken frei, wo Wildblumen sprießen dürfen – extra für die Bienen. Die Städte lassen Grünstreifen seltener mähen oder stutzen, damit mehr Wildblumen dort wachsen können. An vielen Standorten werden auch Bienenhäuser aufgestellt – sogar auf flachen Dächern mitten in der Stadt. So wird allerorts versucht, das Bienensterben aufzuhalten. Das nächste Mal, wenn eine Biene bei dir vorbeifliegt, begrüße sie mit Kusshand, anstatt sie zu verscheuchen.

– 2 –

DAS KLIMA VERÄNDERT SICH STÄNDIG – UND MIT IHM AUCH DIE ERDE

30 IN 4,6 MILLIARDEN JAHREN HAT SICH DAS KLIMA SCHON OFT VERÄNDERT

4,6 Milliarden Jahre: So alt ist unser Planet und damit viel, viel älter als der moderne Mensch – der treibt sich erst seit schlappen 300 000 Jahren auf ihm herum.

Seit Entstehung der Erde hat sich das Klima schon sehr oft gewandelt. Es gab Zeiten, da war unser Planet fast vollständig von Schnee und Eis bedeckt. Vor etwa 700 000 Jahren sah er aus wie ein riesiger Schneeball, der durch den Weltraum schwebte. Die Durchschnittstemperatur betrug damals −45 °C. Bitterkalt also! Viel Leben war zu der Zeit nicht drin.

Zu anderen Zeiten war es auf der Erde viel wärmer als heute. Da lag noch nicht mal an den beiden Polen Eis, und es wuchsen sogar Palmen am Nordpol (mehr dazu in Info 31)!

Seit ungefähr 2,7 Millionen Jahren wechseln sich Kaltzeiten oder Eiszeiten (auch Glaziale genannt) mit Zwischeneiszeiten (Interglazialen) ab.

Im Durchschnitt dauern diese Perioden etwa 100 000 Jahre an. Die letzte Kaltzeit endete vor 12 000 Jahren, und eine neue Zwischeneiszeit brach an: das Holozän. Wir befinden uns immer noch in dieser Periode.

Die meisten Klimaveränderungen passierten vollkommen natürlich. Darüber erfährst du mehr in den nächsten Kapiteln.

Erde: alt
4,6 Milliarden Jahre

Mensch: noch nicht so alt
300 000 Jahre

31 VOR 55 MILLIONEN JAHREN KONNTE MAN AN DEN POLEN NOCH SONNENBADEN

Vor 55 Millionen Jahren herrschte auf der Erde eine Durchschnittstemperatur von 25 °C. Sogar im Winter gab es kein Eis an den beiden Polen. Da hättest du im Norden unter Palmen liegen können, während die Vorväter der Nilpferde und Krokodile dort umherstreiften. Wie es dazu kam, dass die Erde so warm wurde, können Wissenschaftler*innen bis heute noch nicht sicher sagen. Man weiß nur, dass es innerhalb von 25 000 Jahren (ein erdgeschichtlich kurzer Zeitraum) plötzlich 5 °C wärmer geworden war.

Vielleicht hatten ja die vielen Vulkane, die überall ausbrachen, etwas damit zu tun. Es kann auch sein, dass ein plötzliches Ereignis tief im Ozean zu der Erwärmung führte. Der Ozeanboden lag voll von den verwesten Überresten von Pflanzen und Tieren. Solange es dort eiskalt war, blieben die

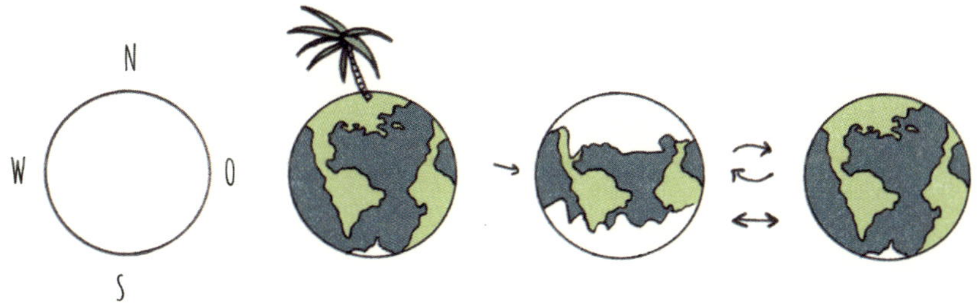

Schneeball *Palmen* *Eiszeiten* *Zwischeneiszeiten*

Reste gefroren. Doch aus allerlei Gründen wärmte sich die Erde dann etwas auf, und auch am Meeresboden wurde es wärmer.

Aus den tauenden Pflanzen- und Tierresten entwich ein Gas: Methan. Das stieg in großen Luftblasen nach oben, die an der Oberfläche platzten. Das Methan gelangte in die Atmosphäre, wo es zusammen mit dem Kohlendioxid für eine besonders warme Periode sorgte. Damals gab es also auch einen Treibhauseffekt.

Und dann blieb es 20 Millionen Jahre (!) warm auf der Erde. Vor 35 Millionen Jahren brachen Südamerika und Australien vom Südpol ab und trieben weg. Die Wassermassen am Südpol kreisten fortan um Antarktika. Warmes Wasser strömte nicht dazu, wodurch alles schnell abkühlte. So entstand die solide Eiskappe, die auch heute noch den Kontinent bedeckt. Der Rest des Ozeans kühlte mit ab, und es folgten ein paar harte Eiszeiten. Vorbei war's mit dem Sonnenbaden am Nordpol!

32 SPIEGLEIN, SPIEGLEIN HIER AM POL ...

Was ziehst du an einem warmen Sommertag lieber an: weiße oder schwarze Sachen? Vermutlich findest du Kleidung in hellen Farben angenehmer. Das kommt daher, dass sie das Sonnenlicht besser reflektieren, wodurch dir nicht so heiß wird. Schwarze oder dunkle Farben heizen sich in der Sonne auf, sodass du ins Schwitzen gerätst. Das Ausmaß, in dem eine Oberfläche das Sonnenlicht zurückstrahlt oder reflektiert, wird Albedo genannt.

Wolken, Schnee, Eis, Wasser und alle anderen spiegelnden Oberflächen bewirken Reflexion. Frischer Schnee und Eis haben eine Albedo zwischen 80 und 95 %. Wenn der Schnee schmilzt oder verschmutzt wird, sinkt die Albedo auf zwischen 40 und 70 %. Wolken haben eine Albedo zwischen 40 und 90 %, abhängig von der Dicke der Wolkendecke, dem Winkel des Sonneneinfalls auf die Wolke, der Größe der Tropfen und davon, ob die Wolke aus Wasser oder Eis besteht. Der Rest der Erde reflektiert weniger gut. Die Albedo von Wasser liegt bei zwischen 10 und 60 % und hängt unter anderem vom Winkel des Sonneneinfalls und der Kräuselung der Wasseroberfläche ab. Wäre die ganze Erde mit Schnee und Eis bedeckt, läge die Albedo bei 84 %. Eine Erde, die nur mit Bäumen bedeckt wäre, ganz ohne Schnee und Eis, hätte eine Albedo von 14 %.

Bestimmt kommst du selbst drauf, warum es auf der Erde wärmer wird, wenn das Eis schmilzt. Dabei werden größere Flächen Land und Wasser freigelegt. Denk nur an Grönland, die Antarktis oder Gletscher hoch in den Bergen. Die Fläche unter dem Eis ist dunkler, sodass es die Sonnenstrahlen kaum reflektiert. Dadurch wiederum erwärmt sich das Meerwasser, was große Klimaveränderungen zur Folge haben kann.

33 DAS CHRISTKIND UND DAS KLIMA

Im Pazifischen Ozean an der Westküste Südamerikas geschieht alle paar Jahre etwas Besonderes: Das normalerweise kalte Meer wird warm. Die Fischersleute vor Ort nennen das Ereignis El Niño oder das Christkind, weil es meistens um die Weihnachtszeit seinen Höhepunkt erreicht. Die warme Strömung im Meer hat große Folgen für das Wetter und die Umwelt.

Für die Fischersleute ist das Christkind kein Grund zur Freude. Im warmen Wasser gibt es weniger Nahrung für die Fische, sodass der Fang in einem El Niño-Jahr viel geringer ausfällt als sonst. Aber das Christkind wirkt sich auch weltweit auf das Klima aus. Das warme Wasser verdunstet schneller, wodurch mehr Regen an normalerweise eher trockenen Orten fällt. Das wiederum sorgt für Überschwemmungen und Schlammlawinen im südamerikanischen Andengebirge, bei denen auch Häuser weggeschwemmt werden. Auch auf der anderen Seite des Pazifiks sind die Auswirkungen von El Niño zu spüren. In Australien, Indonesien und Südasien sorgt er für extreme Trockenheit, die große Waldbrände und missglückte Ernten zur Folge hat.

Ganz genau vorhersagen lässt sich El Niño bisher noch nicht, aber Expert*innen rechnen damit, dass er Ende 2020 wiederkommt. Im Durchschnitt schlägt er alle drei bis sieben Jahre zu, das letzte Mal 2015/16. Damals sorgte er für eine schlimme Dürre in Afrika.

Das umgekehrte Phänomen besteht übrigens auch. Es heißt La Niña (das Mädchen). Dabei ist das Wasser im östlichen Pazifik ungewöhnlich kalt, was an manchen Orten die Trockenheit verstärken und in der Karibik zu mehr Wirbelstürmen führen kann. Im Allgemeinen sind die Folgen von La Niña jedoch weniger schlimm als die von El Niño.

34 UND DANN NOCH ALL DIE VULKANE UND METEORITEN!

Bei einem Vulkanausbruch werden alle möglichen Stoffe aus dem Erdinnern herausgeschleudert. Solche Ausbrüche haben eine große Auswirkung auf das Klima. Neben der Lava, die herausströmt, gelangt auch jede Menge Staub und Schwefel in die Atmosphäre. Weil die das Sonnenlicht zurückhalten, dringen weniger Strahlen zur Erde durch, und es wird kälter. Bei einem Vulkanausbruch wird außerdem viel CO_2 freigesetzt, was das Leben auf der Erde schwieriger macht. Der größte Vulkanausbruch aller Zeiten war der des Tambora auf der indonesischen Insel Sumbawa. Doch auch kleinere Ausbrüche wie der des Ätna auf Sizilien, des Laki auf Island und des Pinatubo auf den Philippinen hatten spürbare Klimaveränderungen zur Folge.

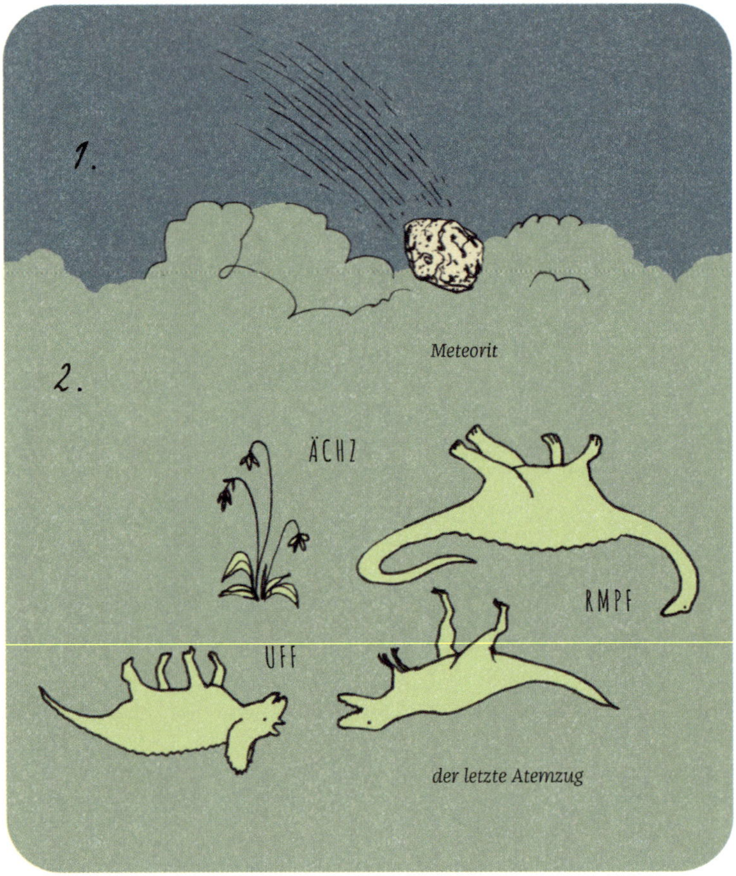

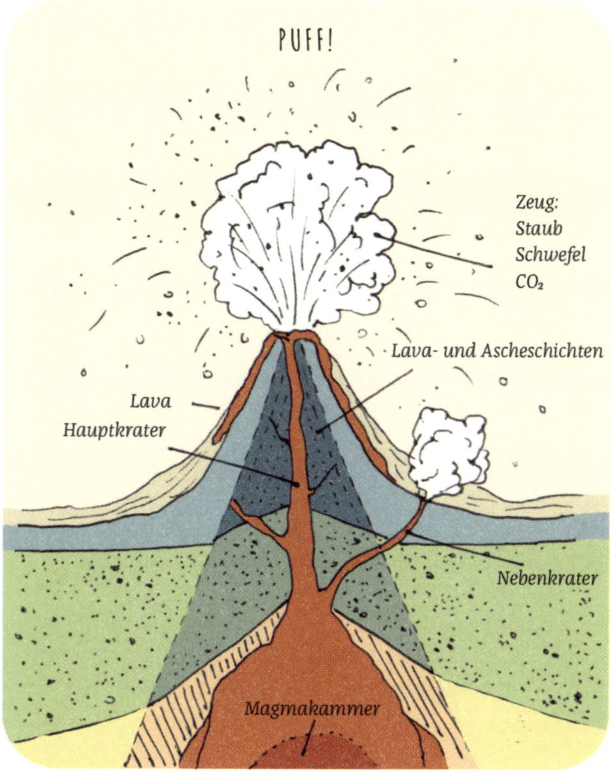

Vulkan

Manchmal kommt das Unheil aus dem Weltall. Der Einschlag eines Meteoriten kann unser Klima im Nu verändern. Denk nur an den Meteoriten, der in Mexiko zur Zeit der Dinosaurier einschlug. Er erzeugte eine riesige Staubwolke, wodurch auf der Erde nichts mehr wachsen konnte. Die Pflanzen starben ab, sodass die Pflanzenfresser keine Nahrung mehr hatten und auch starben. Und ohne die Pflanzenfresser gab es auch keine Nahrung mehr für die Fleischfresser. Stolze 165 Millionen Jahre lang hatten die Dinosaurier es auf der Erde ausgehalten, aber der verflixte Meteorit und die darauf folgende Klimaveränderung machten ihnen in kurzer Zeit den Garaus.

35 DER KLIMAWANDEL BRACHTE DEN MENSCHEN ZUM SPRECHEN

Der Zeitraum vor 5,3 bis 2,6 Millionen Jahren wird das Pliozän genannt. Während dieser Zeit war es im Durchschnitt 3 °C wärmer als heute. Dadurch lag auch der Meeresspiegel höher. Das warme Klima führte dazu, dass es in Afrika sehr trocken wurde. Das bereitete den frühen Menschen große Probleme, weil sie immer weniger Nahrung fanden. Es gab kaum noch Tiere zum Jagen, und an den Bäumen wuchsen kaum noch Früchte. Manchmal gab es so wenig zu essen, dass ihnen nichts übrig blieb, als umzuziehen.

Allerdings hatte diese Nahrungsknappheit auch einen Vorteil. Die Menschen mussten mehr miteinander kommunizieren. Nur so konnten sie herausfinden, wo es noch Nahrung gab, oder einander mitteilen, dass es an der Zeit war weiterzuziehen.

Infolge der Klimaerwärmung mussten sich unsere frühen Vorfahren also an eine neue, viel trockenere Umgebung anpassen. Und sie »redeten« mehr miteinander. Dadurch wurden ihre Gehirne mit der Zeit größer, und sie wurden intelligenter.

Weil es aufgrund der Trockenheit immer weniger zu pflücken gab, mussten die ersten Menschen mehr jagen. Fleisch war zwar lecker, aber es lag auch etwas schwer im Magen. Bald aber kamen unsere Vorfahren darauf, dass so eine Scheibe Fleisch besser bekömmlich war, wenn man sie eine Zeit lang ins Feuer legte. Von da dauerte es nicht mehr lange, bis sie raushatten, wie sie selbst Feuer machen konnten. Die Entdeckung der Sprache und des Feuers waren also indirekte Folgen der Klimaerwärmung.

36 DURCH DEN KLIMAWANDEL BREITETE DER MENSCH SICH ÜBER ALLE KONTINENTE AUS

Irgendwann war die Trockenheit in Afrika so groß geworden, dass fast alle Wälder verschwunden waren. Es blieb nur eine riesige Grasfläche mit ein paar Sträuchern und Bäumen. Im hohen Gras mussten unsere Vorfahren aufrecht laufen, damit sie alles im Blick behalten konnten – ob das nun eine saftige Beute zum Jagen war oder ein Raubtier, vor dem sie sich besser verstecken sollten.

Vor ungefähr 1,8 Millionen Jahren wurde es kühler auf der Erde. Eine neue Eiszeit brach an. Die Polkappen wurden immer größer. Es regnete nicht mehr, sondern schneite die ganze Zeit. Der Schnee blieb liegen und wurde zu einer festen Masse zusammengepresst. Die Massen aus Inland- und Meereis wuchsen immer weiter an. Durch die Kälte schmolz das Eis auch im Frühling und Sommer nicht mehr, sodass kein Wasser mehr in die Ozeane und Meere zurückfloss und der Wasserspiegel sank. Zu dieser Zeit lag der Wasserstand gut 120 Meter tiefer als heute. Erdgegenden, die immer unter Wasser gestanden hatten, wurden trocken. Das gab den Vorfahren des Menschen die Möglichkeit, auf Entdeckung zu gehen. Von Afrika aus zogen sie über die trockenen Meeresböden in den Rest der Welt. Diese Erkundungszüge fanden oft in wärmeren Perioden statt.

Die Klimaveränderungen ermöglichten es unseren frühen Urahnen, die ganze Welt zu erkunden und sich an neuen Orten niederzulassen. Aber es waren schwere Zeiten, und viele von diesen Urmenschen überstanden die Eiszeiten nicht. Nur in einem Teil von Afrika, wo noch Nahrung zu finden war, konnten unsere Vorfahren überleben, und zwar nur diejenigen, die besonders intelligent waren und vorausschauend denken konnten. Daher auch der Name dieser Menschenart, zu der auch wir zählen: Homo sapiens – der denkende Mensch.

Mit der Landwirtschaft kam der Babyboom.

37 DER KLIMAWANDEL MACHTE AUS DEN MENSCHEN LANDWIRTE

Die großen Eiszeiten waren immer schwer für den Menschen. Die letzte von ihnen begann vor etwa 117 000 Jahren und endete vor 12 000 Jahren. Es dauerte zwar noch eine Weile, bis sich die Erde wieder richtig aufgewärmt hatte, aber vor 11 000 Jahren brachen endlich bessere Zeiten für den Menschen an: das Holozän. Die Temperaturen stiegen, und alles grünte und blühte im Überfluss. Den Jägern und Sammlern kam das gerade gelegen, denn sie konnten ihr Essen einfach aus den Bäumen oder vom Boden pflücken. Auch Tiere, auf die sie Jagd machen konnten, vermehrten sich wieder.

Jetzt, wo man satt war, konnte man auch mehr an Nachwuchs denken: Die Erdbevölkerung nahm rasant zu. Menschen taten sich in immer größeren Gruppen zusammen und gründeten Gemeinschaften. Und dann ... wieder ein Klimawandel. Gut tausend Jahre lang war es im Durchschnitt viel kälter als vorher. Und niedrigere Temperaturen bedeuteten weniger Nahrung. Eltern mussten ihre Kinder oft hungrig schlafen schicken. Aber zum Glück war der Mensch inzwischen schlauer geworden: Er hatte erkannt, dass aus manchen Samen neue Pflanzen wachsen, wenn man sie in den Boden streut. Also begann er herumzuexperimentieren. Nach und nach kam er dahinter, welche Samen in welcher Erde gut gedeihen und wie er für welche Pflanzen sorgen musste. Dadurch war er weniger abhängig von dem, was er zufällig in der Natur vorfand. Er lernte auch, wie er die selbst gezüchteten Nahrungsmittel aufbewahren musste, um Vorräte für schlechte Zeiten anzulegen. So brachte der Klimawandel die Menschen auf die Landwirtschaft. Je besser sie das Land bestellen konnten, desto mehr Nahrung stand zur Verfügung. Und war genug Nahrung vorhanden, konnten sie sich auch mit anderen Dingen beschäftigen. Schreiben lernen zum Beispiel. Und schönere Häuser bauen. Oder rechnen.

38 DER KLIMAWANDEL VERNICHTETE GROSSE KULTUREN

Das Klima verändert sich ständig, ob wir das gut finden oder nicht. Kaltzeiten wechseln sich mit wärmeren Perioden ab. Vor etwa 12 000 Jahren endete die letzte große Eiszeit. Danach blieb das Klima relativ stabil, bis auf die Kleine Eiszeit zwischen 1300 und 1850.

Nicht überall verändert sich das Klima auf die gleiche Art und Weise. Manchmal wird es etwa in einer Gegend trockener. Und wenn dort eine große Gemeinschaft lebt, wird das Überleben für sie schwieriger, weil nicht mehr ausreichend Nahrung vorhanden ist. Dreitausend Jahre lang ging es den Maya in Südamerika gut, sie bauten viele Nutzpflanzen an, und die Bevölkerung wuchs stetig. Große Städte entstanden. Doch um das Jahr neunhundert ging etwas schief. Eine Dürre setzte den Maya zu, die Ernten blieben aus. Es gab nicht mehr genug Nahrung und Wasser für alle. Die Maya versuchten noch, weitere Landstriche von anderen Völkern zu erobern, aber auch das glückte nicht. Ihre Zivilisation ging am Klimawandel zugrunde.

Maya-Mann

Das gleiche Schicksal ereilte auch andere große Zivilisationen. Wenn wir Menschen zu verschwenderisch mit unseren Nahrungs- und Trinkwasserquellen umgehen, geht es oft schief. Das lässt sich derzeit auf der ganzen Welt beobachten. 20 bis 30 % aller Tierarten sind vom Aussterben bedroht. Steigt der Meeresspiegel zu stark an, werden ganze Städte überschwemmt. Ein Temperaturanstieg von nur ein paar Grad kann zu schlimmer Trockenheit führen, und dann gibt es an vielen Orten nicht mehr genug zu essen.

– 3 –

DIE ERDE WIRD WÄRMER

39 DAS GLEICHNIS VOM FROSCH IM TOPF

Eine bekannte Geschichte besagt, dass ein Frosch, der in einen Topf mit kochendem Wasser geworfen wird, sofort wieder rausspringt. Setzt man ihn aber in kaltes Wasser, das sich langsam erwärmt, bis es schließlich kocht, bleibt er ruhig sitzen. So wird er am Ende bei lebendigem Leib gekocht, ohne es zu merken. So ähnlich ist es auch mit dem Klima. Wir wissen schon länger, dass sich die Erde immer mehr erwärmt, aber wir bleiben ruhig sitzen. Schon 1956 war in einer großen amerikanischen Zeitung zu lesen, dass fossile Brennstoffe für steigende Temperaturen verantwortlich sind. Der Bericht warnte vor den Gefahren von Treibhausgasen für das Leben auf der Erde. Inzwischen sind wir zwar sechzig Jahre weiter, aber immer noch wird weltweit wenig gegen den Ausstoß vieler Treibhausgase unternommen. Im Gegenteil: Wir stoßen mehr Kohlendioxid aus als je zuvor.

der kochende Klimafrosch

Wie das kommt? Zunächst einmal schreitet der Klimawandel langsam voran und hat auch nicht überall die gleichen Folgen. Manchmal können die kurzfristigen Folgen sogar positiv sein. Ein herrlich warmer Sommer – wer sollte was dagegen haben? Aber bestimmt sähe es anders aus, würde der Wandel sich schneller vollziehen und wir die Folgen direkt spüren. Wahrscheinlich würden wir sofort versuchen einzugreifen.

Der Klimawandel ist auch nicht die Schuld einzelner Menschen. Wir tragen alle gemeinsam dazu bei. Aber viele Menschen können sich nichts darunter vorstellen oder glauben, sie selbst können nichts dagegen tun. Und dann gibt es ja noch so viele andere Probleme, die dringend gelöst werden müssen: Hunger, Armut, Umweltverschmutzung … Da wollen sich manche nicht auch noch um das Klima sorgen müssen.

Hinzu kommt, dass Menschen meistens nur ungern Veränderungen annehmen. Und das Klimaproblem ist nun mal etwas, bei dem sich sehr viel ändern muss, wenn wir wollen, dass der Planet für nachfolgende Generationen bewohnbar bleibt.

Zum Glück gibt es aber immer mehr, die wirklich etwas ändern wollen. Denk nur an die junge Schwedin Greta Thunberg. Sie begann damit, einen Tag pro Woche für das Klima zu streiken. Mittlerweile sind viele Tausende Schüler*innen weltweit ihrem Beispiel gefolgt, und Greta wird zu wichtigen Klimakonferenzen eingeladen. Sie ist ein bisschen wie der Frosch, der aus dem Wasser gesprungen ist, um uns alle zu warnen.

40 ES WAR NOCH NIE SO WARM

Die Weltorganisation für Meteorologie (WMO) beobachtet die Temperatur auf der Erde. Sie sammelt die Informationen von bedeutenden wissenschaftlichen Organisationen, wie zum Beispiel dem Europäischen Zentrum für mittelfristige Wettervorhersage (ECMWF), der amerikanischen Luft- und Raumfahrtbehörde NASA und der amerikanischen Wetter- und Ozeanografiebehörde NOAA. Das ECMWF stützt sich auf Messungen der Europäischen Weltraumorganisation ESA. Deren Satelliten sind am besten dazu geeignet, die Umwelt und das Klima aus dem Weltraum im Blick zu behalten. Den Berechnungen der WMO zufolge lag die Durchschnittstemperatur im Jahr 2018 0,38 °C höher als die Durchschnittstemperatur im Zeitraum zwischen 1981 und 2010. Die letzten fünf Jahre – von 2015 bis 2019 – sind die wärmsten seit Beginn der Temperaturaufzeichnungen.

0,38 °C ist doch gar nicht so viel? Das nicht, aber es geht auf jeden Fall in die falsche Richtung. Wenn wir so weitermachen wie bisher und weiter so viele Treibhausgase ausstoßen, müssen wir damit rechnen, dass es bis zum Jahr 2100 2,6 bis 4,8 °C wärmer wird. Die Temperaturen werden aber nicht überall gleichermaßen steigen. Vor allem um den Nordpol herum wird es wärmer werden, wodurch das Polareis schmilzt. Die WMO schätzt, dass wir öfter extrem hohe Temperaturen erleben werden, aber auch besonders kalte Winter sind zu erwarten.

Zum Glück muss es aber nicht so kommen. Wenn es uns weltweit gelingt, bis 2050 den Ausstoß von Treibhausgasen um 40 bis 70 % zu verringern, können wir den Temperaturanstieg auf 0,3 bis 1,7 °C begrenzen. Und bis 2100 dürfen dann gar keine Treibhausgase mehr ausgestoßen werden. Das sind sehr hochgesteckte Ziele, und darum ist es höchste Zeit, dass die Regierungen und die Wirtschaft es endlich angehen.

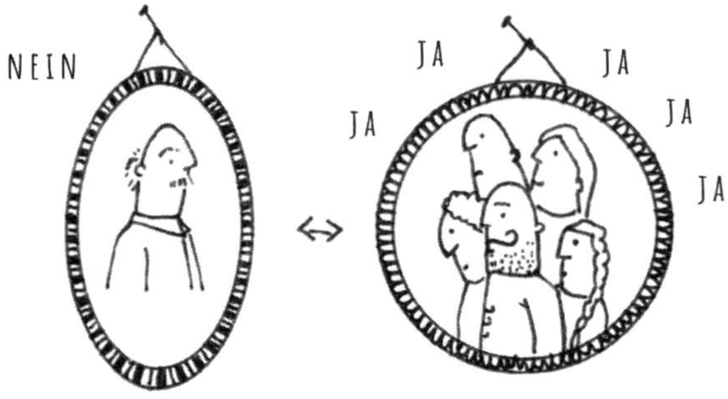

41 MANCHE MENSCHEN GLAUBEN ES EINFACH NICHT

Es gibt Menschen, die behaupten, der Klimawandel sei nur ein Schwindel. Oder besser gesagt: dass der Mensch nichts mit dem Klimawandel zu tun hat. Sie sagen, dass es auf der Erde schon immer wärmere und kältere Zeiten gegeben hat. Solche Leute nennen wir Klimaleugner oder Klimaskeptiker. Sie glauben nicht, dass der Mensch überhaupt imstande ist, so etwas Großes wie das Klima zu verändern.

Inzwischen wissen wir sicher, dass die Durchschnittstemperatur auf der Erde stetig ansteigt. Fast alle Klimaforscher*innen (über 97 %) sind sich außerdem einig, dass die Erwärmung zum großen Teil durch menschliche Aktivität verursacht wird. Die Daten aus allen Klimastudien werden vom Weltklimarat (Intergovernmental Panel on Climate Change, IPCC) gesammelt, einem internationalen Zusammenschluss von Expert*innen aus Universitäten, Forschungszentren, Umweltverbänden, Unternehmen und anderen Organisationen. Der Weltklimarat führt selbst keine Forschung durch, sondern beurteilt die Ergebnisse aus verschiedenen Studien und erarbeitet auf dieser Grundlage ausführliche Berichte.

Dank all dieser Forschung wissen wir heute, dass die Verbrennung von Öl, Erdgas und Steinkohle seit der industriellen Revolution eine große Rolle beim Klimawandel spielt. Noch ist nicht endgültig geklärt, wie hoch die Temperaturen noch ansteigen werden, wie sich der Temperaturanstieg auf den Meeresspiegel auswirken wird und welche Folgen genau für den Menschen daraus entstehen. Manche Wissenschaftler*innen sind insgesamt eher pessimistisch. Andere sind zuversichtlich, dass der Mensch in der Lage ist, Lösungen für das Problem zu entwickeln. In jedem Fall wird es eine der größten Herausforderungen für die Menschheit.

42 KLIMAWISSENSCHAFTLER*IN IST EIN BERUF

Schon immer hat das Klima die Menschen fasziniert. Anfangs waren es sogar Fachleute aus den Bereichen Chemie, Biologie, Geologie, Astronomie und sogar der Mathematik, die sich mit Wetter- und Klimaerscheinungen beschäftigten. Heute aber kann man auch als Klimatolog*in arbeiten und untersuchen, wie sich das Klima entwickelt und warum. Diese Wissenschaftler*innen erforschen, woran es liegt, wenn die weltweite Durchschnittstemperatur steigt oder fällt, warum es an manchen Orten mehr und weniger regnet oder warum der Wind stärker bläst und es mehr Wirbelstürme gibt. Sie interessieren sich auch für Veränderungen in der Vergangenheit und versuchen, daraus Lehren für die heutige Zeit zu ziehen. Manche spezialisieren sich auf Entwaldung oder das Schmelzen der Polkappen und versuchen mithilfe verschiedener Modelle, wissenschaftlich begründete Voraussagen über die Folgen des Klimawandels zu treffen.

Die Klimawissenschaft oder Klimatologie ist in jedem Fall ein Berufsfeld mit Zukunft. Regierungen weltweit und auch Unternehmen stellen Fachleute für Klima- und Umweltwissenschaften ein, um Lösungen für verschiedene Probleme zu entwickeln. Und wer weiß, vielleicht gehörst du ja irgendwann auch dazu!

43 PROFESSOR ARRHENIUS WÜNSCHTE SICH DEN KLIMAWANDEL HERBEI

Schon im neunzehnten Jahrhundert kamen Wissenschaftler dahinter, dass Treibhausgase und Temperatur zusammenhängen. 1859 wies der Naturwissenschaftler John Tyndall nach, dass Gase wie Kohlendioxid, Wasserstoff und Ozon Infrarotlicht aufnehmen. Infrarotlicht ist eigentlich Wärme. Man sieht es nicht.

Im Jahr 1896 errechnete der schwedische Professor Svante Arrhenius, um wie viel Grad sich die Erde erwärmen würde, wenn in der Atmosphäre die doppelte Menge an Kohlendioxid enthalten wäre. Damals wurde der höhere CO_2-Ausstoß vor allem durch die Verbrennung von Steinkohle verursacht – einem fossilen Brennstoff, der bis heute zum Heizen und zur Stromerzeugung verwendet wird.

Prof. Svante Arrhenius

Svante Arrhenius errechnete einen steilen Anstieg der Temperatur, wenn wir weiter immer mehr Kohlendioxid in die Atmosphäre pumpen würden. Alles in allem hielt er das für keine so schlechte Sache. Er erwartete, dass das Klima in kalten Gegenden wärmer und angenehmer werden würde. Dadurch könnte man auch mehr Gemüsesorten anbauen. Die Ernten würden größer ausfallen, und das wäre gut für die Landwirtschaft und die Bevölkerung in kälteren Gefilden.

Damals wusste der Professor noch nicht, dass Klimaveränderungen auch allerlei Probleme mit sich bringen, wie zum Beispiel Wassermangel und Dürre an manchen Orten und Überflutungen an anderen. Vielleicht hätte er dann anders darüber gedacht.

44 DER CO_2-GEHALT DER LUFT WIRD AUF EINEM VULKAN GEMESSEN

Auf der Insel Hawaii, mitten im Pazifik, liegt der Vulkan Mauna Loa. Er ist der größte Vulkan der Erde und ragt über 4000 Meter hoch aus dem Ozean. Auf einer Höhe von 3397 Metern befindet sich ein Observatorium. Hier wird die Menge an Kohlendioxid in der Atmosphäre gemessen, weil die Luft in der Umgebung besonders sauber ist. Es gibt keinen Verkehr und keine Fabrik in der Nähe, die Kohlendioxid ausstoßen könnte.

Der amerikanische Chemiker Charles David Keeling begann 1958 mit den Kohlendioxidmessungen auf dem Mauna Loa. Die gemessenen Daten werden in eine Grafik übertragen. Sie bilden eine Kurve, die wir heute als die Keeling-Kurve kennen. Auf der horizontalen (waagerechten) Achse steht die Zeit in Jahrzehnten, auf der vertikalen (senkrechten) Achse die gemessene Menge an Kohlendioxid. Man sieht eine stetig ansteigende Linie seit

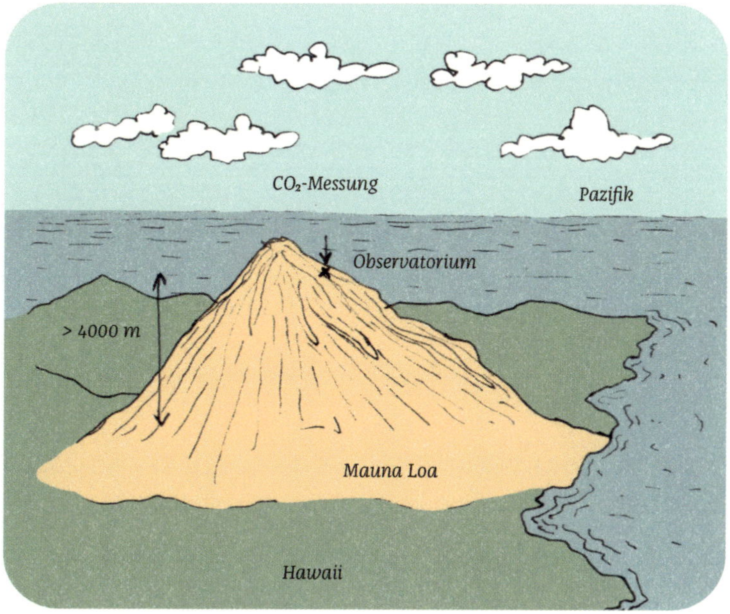

1958, mit jahreszeitabhängigen Schwankungen. Der Vulkan befindet sich über dem Äquator, auf der nördlichen Erdhalbkugel. Dort gibt es einen deutlichen Unterschied zwischen Winter und Sommer. Im Winter steigt die CO_2-Menge an, weil keine Blätter an den Bäumen hängen. Im Frühjahr ist der Kohlendioxidanteil in der Luft jedes Jahr am höchsten. Im Sommer sinkt er wieder, weil die Pflanzen und Bäume dann mehr von dem Gas aufnehmen. Auf der Keeling-Kurve ist deutlich zu sehen, dass die Frühjahrsspitze jedes Jahr höher liegt. Also wächst der Kohlendioxidgehalt jedes Jahr an. Klimaexpert*innen zufolge ist das eine gefährliche Entwicklung, denn sie sorgt dafür, dass auch die weltweite Durchschnittstemperatur jedes Jahr steigt. Und das ist keine gute Nachricht.

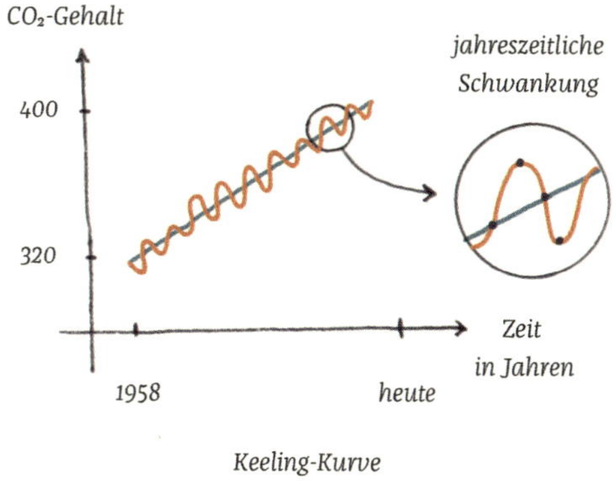

Keeling-Kurve

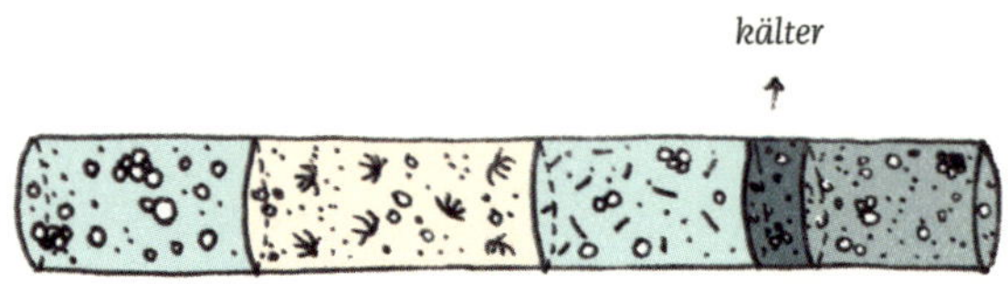

Eisbohrkern

45 DIE MAGISCHE 400-GRENZE

Der Kohlendioxidgehalt wird in Millionsteln angegeben. Im Englischen heißt das parts per million (Anteile pro Million) oder ppm. Im Jahr 1750 lag der Kohlendioxidgehalt in der Luft noch bei 280 ppm. Das bedeutet, dass damals 280 Kohlendioxidteilchen (oder -moleküle) in einer Million Luftteilchen enthalten waren. Zweihundertachtzig auf 1 000 000 ist zwar nicht viel, aber ein Anstieg hat große Folgen.

Schlauköpfen fällt sicher auf, dass es 1750 ja noch gar keine Messstation gab. Das stimmt auch! Doch Klimaforscher*innen haben Eisbohrkerne aus den Eisschilden und aus Gletschern geholt. Die sehen aus wie lange, mit Eis gefüllte Röhren. Im Innern eines solchen Eisbohrkerns befinden sich Luftbläschen. Durch die Untersuchung dieser Luftbläschen finden die Forscher*innen heraus, wie die Atmosphäre vor Millionen von Jahren zusammengesetzt war. Daher wissen wir zum Beispiel, dass es die höchste Kohlendioxidkonzentration (400 ppm) vor 5 Millionen Jahren gab. Damals war es 4 bis 5° wärmer auf der Erde und der Meeresspiegel lag vierzig Meter höher. Danach folgten Eiszeiten, und der Kohlendioxidgehalt sank auf 180 ppm. Während der letzten 10 000 Jahre lag der Gehalt relativ stabil um die 280 ppm. Zu Beginn der Messungen auf dem Mauna Loa betrug er bereits 320 ppm. Am 9. Mai 2013 stieg er erstmals auf über 400 ppm. Wissenschaftler*innen zufolge ist das die »kritische Grenze«: Bleibt der Kohlendioxidgehalt in der Atmosphäre so hoch, wird die Erde zum Zustand von vor 5 Millionen Jahren zurückkehren. Seit 2015 liegen wir dauerhaft oberhalb der kritischen Grenze von 400 ppm, und jedes Jahr steigt der CO_2-Gehalt um 2 ppm an. Klar, dass die Fachleute Alarm schlagen.

46 JEDE MINUTE SCHWINDEN SIEBZEHN FUSSBALLFELDER WALD

Die Erde ist zu einem Drittel von Wald bedeckt. Ein Teil davon ist tropischer Regenwald, wie zum Beispiel der Amazonas-Wald in Südamerika, der Regenwald im Kongobecken in Afrika und die Regenwälder in Südostasien. Daneben gibt es die Taiga-Wälder, das sind riesige Nadelwälder, die sich über Russland, Nordeuropa und einen Teil der USA erstrecken. Wie du weißt, nutzen Bäume Kohlendioxid als Nahrung. Sie speichern es im Stamm, in den Ästen und in den Wurzeln.

Leider schwinden all diese Wälder rasend schnell. Jährlich werden weltweit über 6,5 Millionen Hektar Wald gerodet, das entspricht einer Fläche von siebzehn Fußballfeldern pro Minute! Bäume werden abgeholzt, um Ackerfläche oder Bauland zu schaffen oder um unterirdische Minen anzulegen. Zusätzlich werden auch durch Waldbrände große Waldflächen zerstört. Oft werden solche Brände mit Absicht gelegt, um mehr Platz für Ackerbau zu haben. Das alles führt nicht nur dazu, dass weniger Kohlendioxid aufgenommen wird, sondern auch zum Verschwinden ganzer Ökosysteme. Tiere verlieren ihren Lebensraum und sterben aus. Auch viele Pflanzenarten verschwinden und kommen nie wieder zurück. Mit jedem Wald, der verschwindet, geht auch ein Stück Leben von unserem Planeten unwiederbringlich verloren.

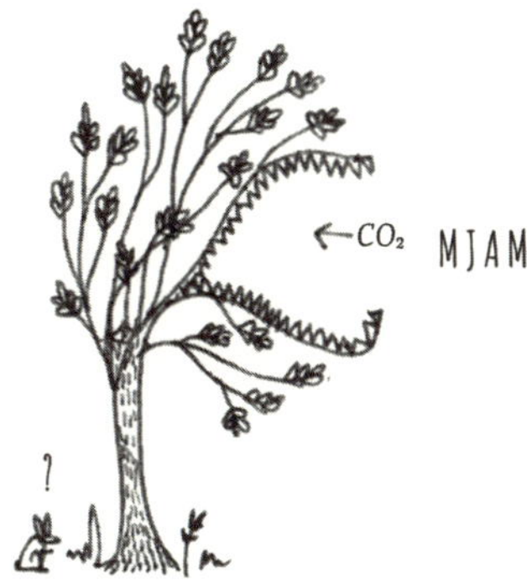

CO_2-fressender Baum

die Erde

47 ES BEGANN MIT EINER REVOLUTION

Unsere heutigen Klimaprobleme begannen mit der industriellen Revolution. Um 1606 wurde die erste Dampfmaschine erfunden. Die Energie, die die Maschine antrieb, entstand durch die Verbrennung von Steinkohle. Es dauerte nicht mehr lange, bis auch die ersten Dampfloks fuhren, Dampfschiffe Ozeane überquerten und Menschen in Fabriken arbeiteten und auf Hochtouren Eisen und Stahl produziert wurden. Zuvor hatten die Menschen aus dem Verbrennen von Holz und tierischem Mist Energie gewonnen. Zum Arbeiten waren sie vor allem auf menschliche und tierische Muskelkraft angewiesen. Daneben gab es auch Mühlen, die mit Wasser oder Wind betrieben wurden, um etwa Getreide zu mahlen.

Doch die Entdeckung fossiler Brennstoffe veränderte alles. Es begann mit der Steinkohle, später kamen Erdöl und Erdgas hinzu. Die Brennstoffe bestehen aus tierischen und pflanzlichen Überresten, die bereits seit Millionen von Jahren im Erdboden lagern, bedeckt und

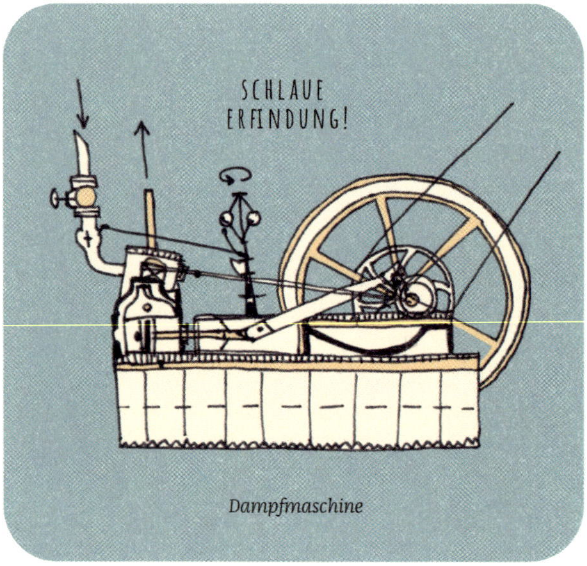

Dampfmaschine

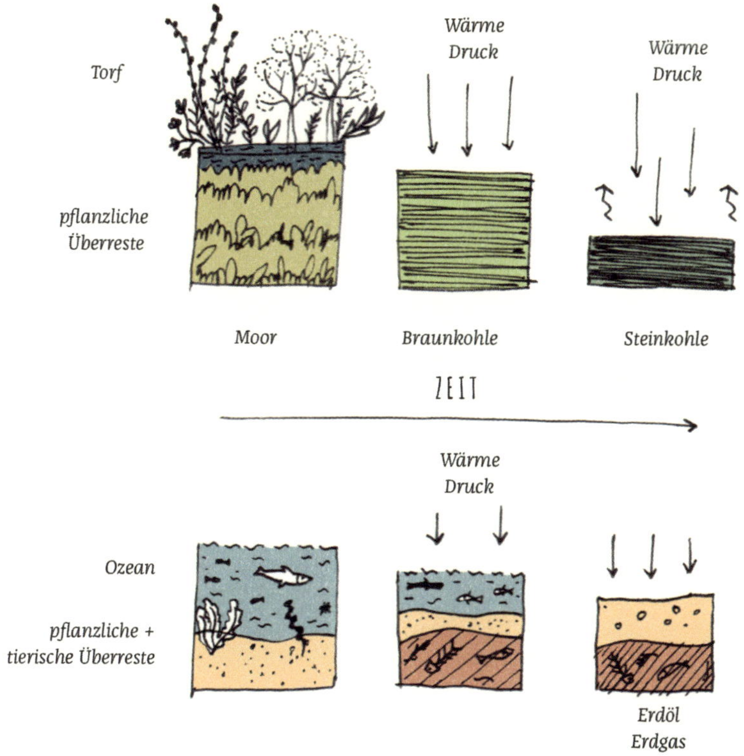

zusammengepresst von riesigen Massen an Erde. Durch den enormen Druck und die höheren Temperaturen im Bauch der Erde entstehen so Steinkohle, Erdöl und Erdgas. All das Kohlendioxid, das diese Pflanzen- und Tierreste je aufgenommen hatten, lag tief unter der Erde vergraben. Indem man sie nach oben beförderte und verbrannte, wurde viel mehr CO_2 als je zuvor freigesetzt. Seit der industriellen Revolution steigt der Kohlendioxidgehalt in der Luft immer weiter an. 83 bis 95 % dieses Anstiegs ist auf die Verbrennung von Öl, Kohle und Gas zurückzuführen. Zugegeben, die fossilen Brennstoffe machten unser Leben viel bequemer: Wir konnten unsere Häuser heizen, Autos fahren lassen und zum Mond fliegen. Aber inzwischen wissen wir, dass es eigentlich keine »sauberen« fossilen Brennstoffe gibt. Kohle gilt als besonders »schmutziger« Brennstoff, aber Erdgas und -öl sind auch nicht viel sauberer. Genau deshalb müssen wir ganz dringend Alternativen finden.

Entdeckungsschiff mit Minimast

48 EINST GLAUBTEN WIR, DAS HOLZ WÜRDE UNS NIEMALS AUSGEHEN

Das fünfzehnte und sechzehnte Jahrhundert war die Zeit der großen Entdeckungsreisen. Die Menschen waren neugierig, was sich auf der anderen Seite der großen Meere befand. Dafür brauchten sie natürlich Schiffe, und die wurden aus Holz gemacht. Zu dieser Zeit wurde noch gesegelt, also brauchten die Schiffe auch Masten. Nur die höchsten und kräftigsten Bäume waren dafür gut genug. Erst war alles in bester Ordnung, aber irgendwann fiel den Menschen auf, dass die ganz großen Bäume immer seltener wurden. In Italien, Portugal und Spanien gab es schon bald keine Bäume mehr, die groß genug waren. Fortan ließen die Europäer ihre Schiffe in den neu eroberten Kolonien bauen.

Holz ist keine unendliche Ressource, und wir haben schon viel davon verbraucht. China war einst zu drei Vierteln von Wald bedeckt. Davon sind heute noch knapp 5 % übrig. In den USA sind heute nur noch 7 % des Urwalds erhalten. Mehr als die Hälfte des tropischen Regenwalds ist ebenfalls verschwunden. Und es dauert sehr lange, bis neue Wälder nachgewachsen sind. Würden wir jetzt mit der Entwaldung aufhören, könnten wir den Kohlendioxidausstoß immerhin um ein Fünftel senken. So oder so müssen wir in den nächsten fünfzig Jahren weltweit intensiv neue Bäume anpflanzen. Das wird dazu beitragen, die Klimaerwärmung ein wenig zu bremsen.

49 NUR ZU FUSS ODER MIT DEM FAHRRAD STÖSST DU KEIN KOHLENDIOXID AUS

Gehst du überallhin zu Fuß oder fährst mit dem Fahrrad? Glückwunsch! Dabei stößt du nämlich, bis auf das bisschen, was du ausatmest, kein Kohlendioxid aus. Motorbetriebene Verkehrsmittel dagegen stoßen meistens sehr wohl Kohlendioxid aus, wenn auch nicht alle gleich viel.

Wenn du mit dem Zug verreist, bist du für 28 Gramm CO_2-Ausstoß pro Kilometer verantwortlich. Das geht noch. Mit dem Bus steigt der Ausstoß auf 68 Gramm pro Kilometer und mit dem Motorroller auf 72 Gramm pro Kilometer. Mit einem kleinen Familienwagen beträgt er durchschnittlich 104 Gramm pro Kilometer, mit einem großen 158. Natürlich hängt es auch davon ab, mit was für einem Auto man unterwegs ist. Mit Benzin, Diesel oder Erdgas betriebene Autos stoßen allesamt Treibhausgase aus. Je mehr Kraftstoff sie verbrauchen, desto mehr stoßen sie aus. Ein Elektroauto stößt im Prinzip keine Treibhausgase aus, vorausgesetzt, man fährt mit erneuerbaren, grünen Energien wie Wind- oder Sonnenenergie. Aber natürlich wird bei der Herstellung eines solchen Autos auch Kohlendioxid freigesetzt. Und mit dem Flugzeug wird man erst so richtig zum Luftverpester: durchschnittlich 285 Gramm pro Passagier pro Kilometer.

Im Internet findest du viele Webseiten, mit denen du den Ausstoß einer Autofahrt, einer Zug- oder einer Flugreise berechnen kannst. Das ist vielleicht ganz praktisch, solltest du vorhaben, die Welt zu bereisen.

Auch interessant:

Über die Hälfte aller Fahrten, die wir mit dem Auto machen, sind kürzer als 5 Kilometer. Vielleicht liegt deine Schule ja auch so nah an zu Hause, dass du bequem zu Fuß gehen, Rad fahren oder den Bus nehmen kannst.

Transportmittel	Ausstoßmenge pro Kilometer
zu Fuß	0 g CO_2
Roller	0 g CO_2
Skateboard	0 g CO_2
Rollschuhe	0 g CO_2
Zug	28 g CO_2
Bus	68 g CO_2
Motorroller	72 g CO_2
Kleinwagen	104 g CO_2
Großwagen	158 g CO_2
Flugzeug	285 g CO_2

50 DER FLIEGENDE MENSCH IST EIN SCHMUTZFINK

Wusstest du, dass von hundert Menschen auf der Erde bloß zwanzig schon mal in einem Flugzeug gesessen haben? Und das sind meist Menschen aus reichen Ländern. Vielleicht bist du ja auch einer davon. Fliegen ist natürlich eine prima Sache, aber leider auch so richtig schlecht fürs Klima. Vor allem beim Start stoßen Flugzeuge massenhaft schädliche Stoffe aus, darunter Kohlendioxid und Stickoxide (NOX). Letztere sind für die Bildung von Ozon verantwortlich. 2019 lag der weltweite Verbrauch von Kerosin – der aus Erdöl erzeugte Treibstoff für Flugzeuge – Schätzungen zufolge bei etwa 348 Milliarden Kilogramm.

Und die Zahl der Flüge steigt stetig an. Im Jahr 1950 flogen 31 Millionen Menschen mit dem Flugzeug. Um 1986 lag die Anzahl schon bei 960 Millionen! Im Jahr 2012 zählte die Luftfahrt stolze 3 Milliarden Passagiere. Tourist*innen machen etwa die Hälfte aller Passagiere aus. Rund 45 % aller Flüge gehen über Entfernungen von weniger als 500 Kilometern. Auch die Anzahl der Flüge, mit denen Waren transportiert werden, stieg innerhalb von zehn Jahren um mehr als 70 % an.

Fluggesellschaften erwarten, dass die Zahl der Flüge weiter steigen wird. 2017 waren es schon

reger Luftverkehr

mehr als 4 Milliarden pro Jahr. Auch der Gütertransport per Flugzeug soll weiter zunehmen. Wenn das stimmt, sind alle Anstrengungen, den CO_2-Ausstoß in anderen Bereichen zu verringern, umsonst gewesen. Solange wir nicht mit eigenen Flügeln fliegen können, müssen wir uns nach kreativen Lösungen umsehen, um das Fliegen einzuschränken oder es wenigstens klimafreundlicher zu machen.

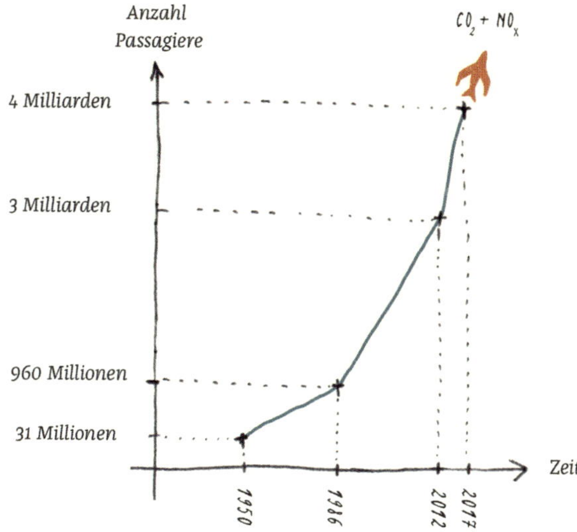

51 LIEBE KÜHE: IHR RÜLPST ZU VIEL

Kühe sind prächtige Vierbeiner, aber sie haben ein Problem. Rinder und andere Wiederkäuer neigen nämlich zu Blähungen, außerdem rülpsen sie, was das Zeug hält. Und die ganzen Pupser und Rülpser enthalten viel Methan (CH4). Eine einzige Kuh produziert täglich zwischen 100 und 300 Liter CH4. Methan ist ein gefährliches Treibhausgas. Es ist 34-mal stärker als Kohlendioxid, bleibt aber weniger lange in der Atmosphäre hängen. Es wird freigesetzt bei der Gewinnung von Erdöl und -gas, beim Abbrennen tropischer Regenwälder und eben ... beim Blähen und Aufstoßen der Wiederkäuer.

In Info 20 konntest du lesen, dass auf der Welt um die 1,5 Milliarden Kühe leben. Weltweit ist die Rinderhaltung damit für 10 bis 15 % des gesamten Treibhausgasausstoßes verantwortlich. 40 % davon setzen die Kühe selbst beim Pupsen und Rülpsen frei. Bei den restlichen 60 % handelt es sich vor allem um Kohlendioxid und einen Anteil Lachgas, die unter anderem beim Düngen der Weideflächen, beim Transport der Tiere und bei der Verarbeitung des Dungs freigesetzt werden.

Natürlich können wir die Kühe schlecht bitten, endlich mit dem ständigen Gepupse und Gerülpse aufzuhören. Das wäre für sie auch gar nicht gesund. Wir müssen also irgendwie dafür sorgen, dass sie weniger Blähungen haben und weniger aufstoßen müssen. Landwirt*innen versuchen es zum Beispiel mit einer Umstellung des Futters auf Seetang, wodurch die Wiederkäuer weniger Gase produzieren sollen. Vielleicht sollte es auch einfach weniger Kühe geben, aber das geht nur, wenn wir alle weniger Fleisch und Milchprodukte (wie Käse, Butter und Milch) zu uns nehmen. Mit einem fleischlosen Tag pro Woche kämen wir schon ein ganzes Stück weiter. Stell dir nur vor: Würden alle 82 Millionen Deutsche einen Tag pro Woche nur Gemüse essen, würde das den Ausstoß von Treibhausgasen so stark verringern wie über 6 Millionen weniger Autos auf den Straßen.

rauslassen
einhalten

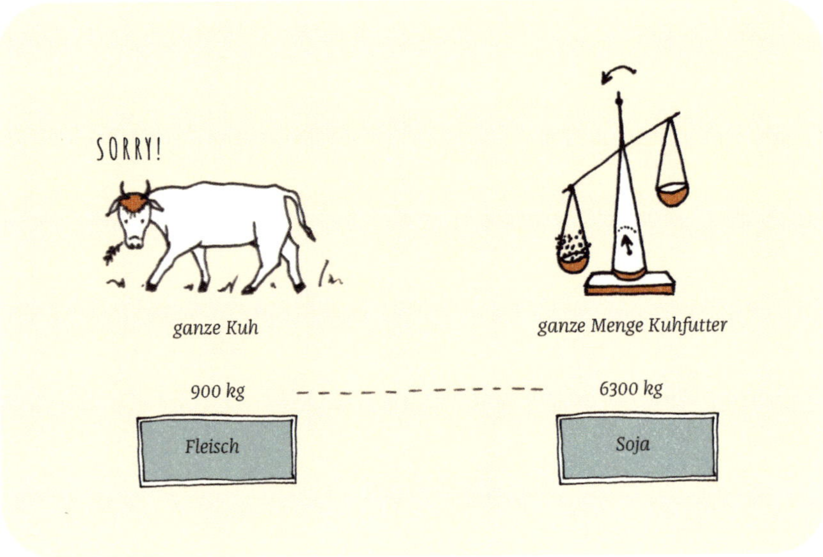

52 LIEBE KÜHE, IHR FRESST ZU VIEL

Kühe – wie auch andere Nutztiere – brauchen natürlich Futter, und zwar richtig viel. Sie fressen zwar Gras, aber sie bekommen auch Zusatzfutter. Oft handelt es sich dabei um Sojamehl. Für 1 Kilogramm Rindfleisch sind etwa 7 Kilo Soja nötig. Und bei einer 900-Kilo-Kuh kommt da ganz schön was zusammen! Zwei Drittel (66 %) des Ackerbodens auf unserem Planeten werden als Weideland oder zum Anbau von Futter genutzt. Das ist so viel wie die Fläche von Deutschland, Frankreich, Belgien und den Niederlanden zusammen. Also richtig viel! Das Soja für Tiernahrung wird vor allem in Südamerika angebaut. Dafür werden oft unschätzbar wertvolle Wälder abgeholzt und Graslandschaften in Sojaplantagen umgewandelt. Das Cerrado in Brasilien ist eine prächtige tropische Savannenlandschaft, die Jaguaren, Riesenameisenbären und Wölfen Lebensraum bietet. Doch jedes Jahr werden immer größere Teile dieser Wildnis zerstört, um Platz für den Sojaanbau zu schaffen.

Weniger Wälder bedeuten auch weniger Lebensraum für Tiere und mehr Kohlendioxid in der Luft. Und mehr Treibhausgase in der Atmosphäre bedeuten stärkere Erwärmung. Also noch ein guter Grund, weniger Fleisch und Milchprodukte zu essen.

53 LIEBE KÜHE, IHR MACHT ZU VIELE FLADEN

Kühe – und natürlich alle anderen Nutztiere auch – müssen ab und zu mal ordentlich ... ähm ... kacken. Die riesigen Mistfladen nutzen Landwirt*innen zum Teil, um den Boden zu düngen. Doch weil es so viele Kühe gibt, gibt es auch viel zu viel Mist. Der enthält Stoffe, die nicht unbedingt gesund sind, darunter Phosphat, Nitrat und Ammoniak. Die gelangen ins Grundwasser, Versauerung ist die Folge. Wegen all der ungesunden Stoffe muss unser Wasser erst gereinigt werden, bevor wir es trinken können. Außerdem wachsen mehr Algen im Wasser, was zu einer Verringerung des Sauerstoffgehalts führt. Und das ist für die Fische nicht schön.

Zu viel Mist hat auch zur Folge, dass manche Pflanzen wie etwa Brennnesseln und Brombeersträucher viel stärker wachsen, als gut wäre. Sie überwuchern und verdrängen so andere Pflanzen, die nach und nach verschwinden.

An manchen Orten läuft es zum Glück ganz gut. Dort werden neue Ställe so gebaut, dass weniger schädliche Stoffe freigesetzt werden. Die Gülle wird nicht großflächig versprüht, sondern gezielt in den Boden gespritzt. Natürlich wäre es immer noch die beste Lösung, weniger Mist zu produzieren, also auch die Anzahl der Nutztiere zu verringern. Wenn wir also alle gemeinsam weniger Fleisch essen, erledigt sich auch das Problem mit den Fladen und Haufen.

Gülle fließt in Grundwasser und Bäche.

Bonus-Info:

Wusstest du schon, dass es bald vielleicht gar nicht mehr nötig sein wird, ein Tier zu töten, um trotzdem richtiges Fleisch zu essen? In Forschungslaboren wird mithilfe von Stammzellen aus den Muskeln von Kühen, Hühnern und anderen Nutztieren Fleisch »gezüchtet«. Mit einer einzigen Stammzelle lassen sich so gut 10 000 Kilogramm Fleisch erzeugen. Dadurch könnte sich die Anzahl der Kühe, Schweine, Hühner und Schafe stark reduzieren lassen. Allerdings ist so ein gezüchteter Hamburger derzeit noch sehr teuer in der Herstellung: 250 000 Euro. Aber das kann sich schnell ändern, wenn er erst mal in Serie geht.

54 DER REGENWALD WIRD ABGEHOLZT – FÜR SCHOKOLADE

Indonesien besteht aus über 14 500 großen und kleinen Inseln. Die sind von riesigen Regenwäldern mit einer großen Vielfalt an Pflanzen und Bäumen bedeckt. Die Wälder bieten Tausenden Tierarten einen Lebensraum. Doch leider gibt es ein Problem: Vier Fünftel, also 80 % des ursprünglichen Regenwaldes, wurden schon gerodet oder abgebrannt, um Platz für Ackerland zu machen. Dabei geht es um eine Fläche von 260 000 Quadratkilometern – das ist größer als das gesamte Vereinigte Königreich und sechsmal so groß wie die Niederlande. Beim Abholzen und Verbrennen der Bäume werden riesige Mengen an Treibhausgasen freigesetzt.

Wo früher Regenwald war, stehen nun Ölpalmen: Tausende und Abertausende identische Bäume in ordentlichen Reihen. Aus ihren Früchten wird Palmöl gewonnen, das in verschiedenen Lebensmitteln zum Einsatz kommt (unter anderem in Schokolade, Schokocreme, Fertigsuppen, Pizza und Keksen), außerdem in Waschmitteln, Kosmetik und als Biotreibstoff. Meist handelt es sich dabei um Produkte, die in den reicheren Ländern gegessen und verbraucht werden.

Aber Ölpalmen sind doch auch Bäume? Das schon, aber nicht mit dem Regenwald zu vergleichen. Zum einen nehmen sie viel weniger Kohlendioxid auf als der tropische Wald. Zum anderen bieten sie den Tieren, die normalerweise im Regenwald leben, weder Platz noch Nahrung. Die Elefanten, Orang-Utans, Tiger und Nashörner können nirgendwo mehr hin und sterben langsam, aber sicher aus. Ein Orang-Utan-Weibchen zum Beispiel ist erst mit zehn Jahren erwachsen, ein Männchen mit fünfzehn. In dieser Zeit lernen sie von der Mutter, wo die Bäume stehen, die die leckersten Früchte tragen. Es dauert eine Weile, bevor die Jungtiere sich alles gemerkt haben. Und wenn die Bäume verschwinden, finden sie nichts mehr. Heute gehören die Orang-Utans zu den am stärksten bedrohten Tierarten – nicht nur, weil ihr Lebensraum schwindet, sondern auch, weil

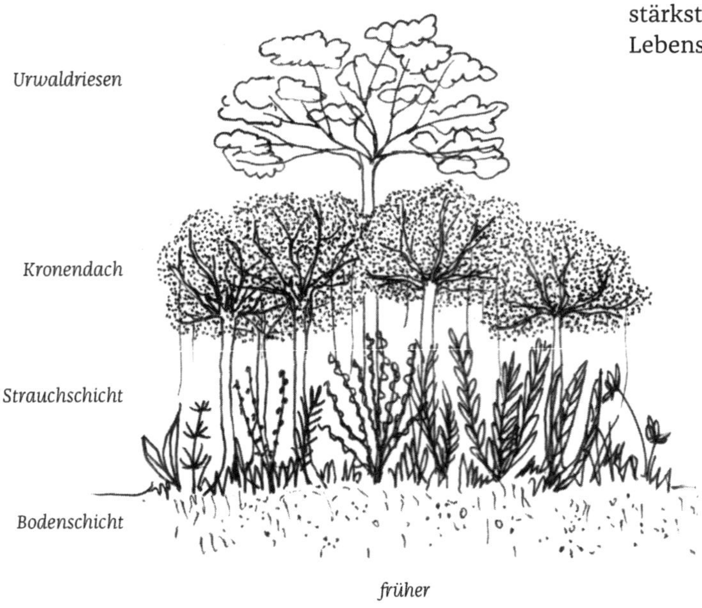

Pflanzen im tropischen Regenwald

Menschen wegen ihres Fleischs Jagd auf sie machen. Vom *Pongo tapanuliensis* (dem Tapanuli-Orang-Utan, der im tropischen Regenwald auf Sumatra zu Hause ist) leben heute nur noch achthundert ...

Und was können wir dagegen machen? Lies am besten immer das Etikett, bevor du etwas kaufst. Steht Palmöl auf der Zutatenliste? Dann such besser nach einer Alternative, die ohne dieses Öl auskommt.

55 BAUMRINGE ERZÄHLEN VOM KLIMAWANDEL

Bestimmt hast du schon mal einen abgesägten Baum gesehen. Dann weißt du sicher auch, dass der Stamm aus Ringen besteht, anhand deren Zahl man das Alter des Baums bestimmen kann. Und das trifft nicht nur auf frisch gefällte Bäume zu, sondern auch auf welche, die vor Millionen von Jahren umgestürzt und längst zu Fossilien geworden sind.

An den Baumringen kann man ablesen, wie der Sommer war. In einem nassen, warmen Sommer wachsen Bäume stärker als in einem trockenen, was sich in dickeren Ringen äußert. Das brachte den Wissenschaftler Michael Mann auf eine Idee: Er untersuchte die Ringe Tausender Bäume und notierte ihre Dicke. Mithilfe dieser Informationen erstellte er ein Diagramm, das die Durchschnittstemperatur auf der Erde über einen sehr langen Zeitraum zeigt. Zwischen 1000 und 1900 veränderte sich nicht so viel, die Linie verläuft mehr oder weniger waagerecht. Doch am Ende der Linie – also im letzten Jahrhundert – passiert etwas Auffälliges. Zwischen 1900 und 2000 geht die Kurve plötzlich steil nach oben: Die Temperatur stieg also auf einmal viel schneller an als zuvor. Die Form der Kurve ähnelt einem Hockeyschläger.

In den folgenden Jahren wiederholten andere Forscher*innen Manns Messungen, und es zeigte sich, dass er richtiglag. Vor allem im letzten Jahrhundert erwärmte sich die Erde viel schneller als jemals zuvor. Und dass wir das wissen, verdanken wir den Bäumen.

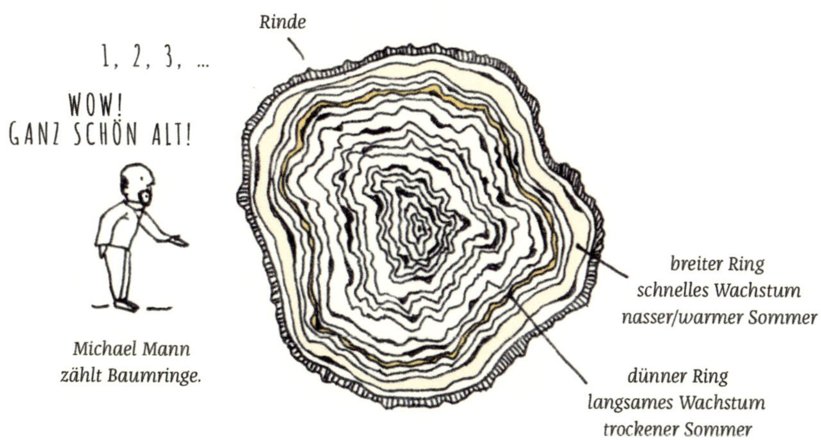

Michael Mann zählt Baumringe.

– 4 –

DIE ERDE WIRD SCHMUTZIGER

56 VORSICHT! NICHT ATMEN!

Stell dir vor, eines Tages machst du das Radio an und der oder die Nachrichtensprecher*in sagt: Die Luft ist gefährlich. Was machst du dann? Menschen und andere Tiere müssen schließlich atmen, um zu leben, und zwar am besten saubere, unverschmutzte Luft. Leider ist aber die Luft nicht überall gleich sauber. Vielleicht wohnst du nah an einer viel befahrenen Straße. Da stoßen Autos, LKWs und Motorräder viel Feinstaub, Ruß und Stickstoffdioxid aus. Und vielleicht ist ja noch eine Fabrik in der Nähe, die zahlreiche schädliche Stoffe ausstößt. Oder in deiner Gegend wird oft Feuer gemacht.

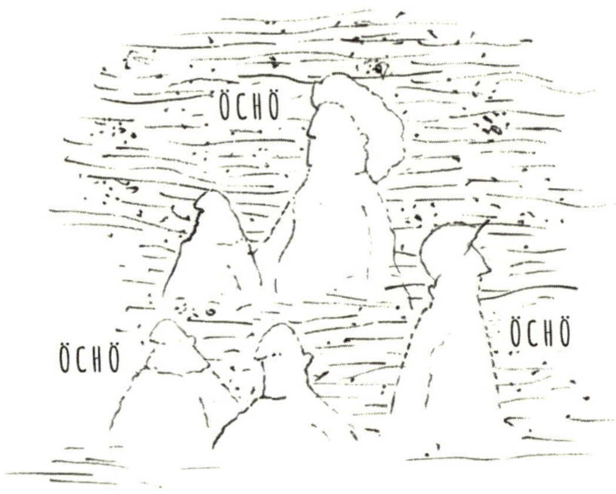

Smog = smoke (Rauch) + fog (Nebel)

Feinstaub besteht aus winzig kleinen Partikeln, die durch die Luft schweben. Mit bloßem Auge kann man ihn nicht sehen. Etwa 90 % des Feinstaubs werden von der Natur selbst erzeugt. Dabei handelt es sich vor allem um Salzstaub über den Ozeanen, aber auch Sandstaub. Der Rest wird durch den Menschen verursacht. Neben dem Feinstaub atmen wir auch noch Ruß, Ozon und Stickstoffdioxid ein. Keiner dieser Stoffe tut unserem Körper gut. Sie führen zu häufigeren Atemwegserkrankungen wie Asthma und Bronchitis.

Bonus-Info:

Am 22. September ist World Car Free Day – der Weltweite Autofreie Tag. An dem Tag ist es in vielen Städten weltweit verboten, mit dem Auto zu fahren. Manche Städte organisieren sogar mehrere autofreie Tage pro Jahr, um den Bewohnern zu zeigen, wie angenehm das Leben in der Stadt ohne Autoverkehr sein kann. Man kann gefahrlos mitten auf der Straße gehen, Fahrrad oder Roller fahren, und die Luft ist gleich ein bisschen sauberer.

Manchmal ist die Luftverschmutzung so stark, dass Smog entsteht. Das Wort stammt ursprünglich aus dem Englischen und ist zusammengesetzt aus den Wörtern *smoke* (Rauch) und *fog* (Nebel). Es wurde schon im neunzehnten Jahrhundert erfunden, als die Kohleverbrennung zu starkem Rauch führte, der bei nebligem Wetter in den Städten hängen blieb. Heute steht der Begriff für »sichtbare Luftverschmutzung«. Die Sonnenstrahlung verwandelt die durch den Verkehr und die Fabriken ausgestoßenen Schadstoffe in Ozon. Dieses Gas schützt uns zwar hoch oben in der Atmosphäre vor den schädlichen UV-Strahlen, schadet uns aber so nah an der Erde. Dann hängt eine gelblichbraune Wolke über der Stadt, die uns das Atmen schwer macht. Wenn der Wettermann oder die Wetterfrau einen Smogalarm ankündigt, solltest du draußen daher lieber nicht joggen oder anderen Sport machen.

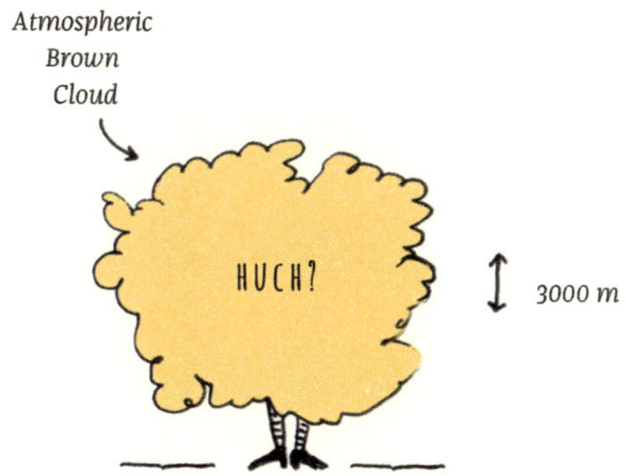

57 MITTEN AM TAG WIRD ES DUNKEL

In chinesischen Städten wie Peking und Shanghai und im indischen Neu-Delhi ist es am Tag manchmal um ein Viertel dunkler als normalerweise. Das liegt an der Atmospheric Brown Cloud (ABC), einer riesigen braunen Wolke, die von November bis Mai über großen Teilen von China und Indien schwebt. Erstmals bemerkt wurde sie auf Satellitenbildern Ende der 1990er-Jahre. Inzwischen bleibt die Wolke immer länger am Himmel schweben. Messungen zufolge ist sie gut 3000 Meter dick und besteht aus Rußteilchen von Holzfeuern und dem Ausstoß von Autos, LKWs und Fabriken. Diese braune Wolke ist für die Menschen, die sie täglich einatmen müssen, sehr gesundheitsschädlich. Wissenschaftler*innen schätzen, dass jährlich etwa 2 Millionen Menschen als Folge der schmutzigen braunen Luft sterben.

Die Wolke wirkt sich auch auf das Klima aus. Sie hängt über dem Himalaya, der höchsten Bergkette der Welt. Dort liegt so viel Schnee und Eis, dass er manchmal »das Wasserschloss Asiens« genannt wird. Von den Gletschern und Schneefeldern im Himalaya strömen große Mengen Frischwasser in die Flüsse. Milliarden Menschen sind auf dieses Wasser angewiesen. Doch Klimaveränderungen – unter anderem durch die braune Wolke – lassen den Schnee und das Eis schneller schmelzen. Manchmal schmilzt der Schnee so schnell, dass sich Seen bilden. Und wenn die plötzlich überlaufen, überschwemmen sie manchmal ganze Dörfer. Mit der Zeit werden die Gletscher auch kleiner, es gibt weniger Schmelzwasser und damit auch weniger Trinkwasser.

Darum muss die braune Wolke so schnell wie möglich verschwinden, damit die Menschen wieder gefahrlos atmen können und genug Wasser zum Leben haben, ohne zu ertrinken.

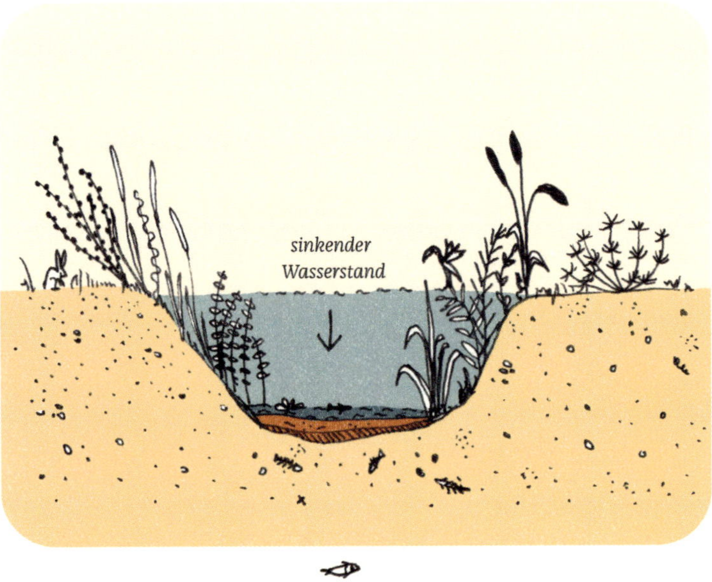

58 SÜSSWASSERQUELLEN TROCKNEN AUS

Im Wasserkreislauf spielen Sümpfe und Moore eine sehr wichtige Rolle, weil sie viel Süßwasser enthalten. Meist liegen sie zwischen Land und Meer oder Ozean. Sumpfgebiete bieten oft vielen verschiedenen Tier- und Pflanzenarten einen Lebensraum. Damit sind sie unheimlich wichtig für die Artenvielfalt. Wenn viel Regen fällt, nimmt der Boden das überschüssige Wasser auf und wird so zum Süßwasserspeicher. Solche Feuchtgebiete gibt es auf der ganzen Welt: zum Beispiel das Panatal in Südamerika; einige Inseln in Ozeanien, die zum größten Teil aus Sumpfland bestehen; oder die Hudson-Bucht in Kanada. Auch im nordeuropäischen Tiefland, zu dem unter anderem Teile von Deutschland und die Niederlande gehören, gibt es große Feuchtgebiete.

Leider gehen wir mit unseren Wasserspeichern nicht so sorgfältig um. Wir verbrauchen zu viel Wasser aus den Sümpfen, und das führt zu Problemen. In Spanien sind viele Feuchtgebiete trockengelegt worden, um dem Anbau von Orangen, Mandarinen, Mandeln und Trauben Platz zu machen. Und der Gelbe Fluss in China fällt im Mündungsgebiet für fast zweihundert Tage im Jahr trocken, weil in der Landwirtschaft zur Bewässerung der Baumwollfelder zu viel Wasser abgepumpt wird. Dadurch sind schon sehr viele Fischarten aus dem Gelben Fluss verschwunden. Wenn wir wollen, dass die Feuchtgebiete der Erde – mit allen Tieren darin – erhalten bleiben, müssen wir viel sorgsamer damit umgehen.

59 HERR OBER! DA SCHWIMMT ~~EINE FLIEGE~~ PLASTIK IN MEINER SUPPE

Schau dich einmal um. Wetten, du siehst etwas, das aus Plastik gemacht ist? Vielleicht die Kekstüte, aus der du gerade naschst, der Trinkbecher auf dem Tisch oder der Stuhl, auf dem du sitzt. Eigentlich ist Plastik ein anderes Wort für synthetische Kunststoffe. Bakelit war der erste synthetische Kunststoff. Er wurde 1907 von dem Belgier Leo Baekeland erfunden und eroberte die Welt im Sturm. Jährlich werden weltweit um die 311 Milliarden Kilogramm Plastik produziert, und es ist kein Ende in Sicht.

Plastik ist toll, weil es so vielseitig einsetzbar ist. Aber es hat einen großen Nachteil: Man wird es nicht mehr los. Große Plastikstücke zerfallen zwar nach einiger Zeit in kleinere Teile, aber damit hört es auf. Die Natur kann Plastik nicht abbauen, und so landen jedes Jahr 5 Millionen Tonnen Plastik in den Meeren und Ozeanen. Das entspricht etwa einem vollen LKW pro Minute! Das kommt vor allem von dem Abfall, den wir auf die Straße werfen: Plastikflaschen, Bonbonpapiere, Plastiktüten ... All das wird vom Wind in die Flüsse getragen und gelangt von dort ins Meer.

1997 entdeckte Kapitän Charles Moore zu seiner Überraschung mitten im Pazifik eine gigantische Plastikmüllhalde. Die nannte er die Plastiksuppe. Heute wissen wir, dass es in den Weltmeeren fünf riesige, durch Strömungen verursachte Ozeanstrudel (*ocean gyres*) gibt, in denen sich die schwimmenden Plastikabfälle sammeln. An diesen fünf Stellen befindet sich noch mehr Plastik als anderswo im Meer.

Aber es gibt noch weitere Hotspots, an denen sich überdurchschnittlich viel Plastik ansammelt. Das Mittelmeer ist so ein Hotspot. Die Flüsse, die ins Mittelmeer münden, führen Plastik mit sich. In der Straße von Gibraltar, die eine Art Flaschenhals bildet, staut es sich. Andere Hotspots befinden sich an Buchten mit großen Küstenstädten und an Gewässern in der Nähe von Industriegebieten oder an Stellen, wo Flüsse ins Meer münden.

Es wird fieberhaft nach Lösungen für die Plastiksuppe geforscht. Der junge Erfinder Boyan Slat aus den Niederlanden etwa war bei einem Tauchurlaub in Griechenland so erschrocken über die Plastikverschmutzung, dass er beschloss, ein System zu entwickeln, mit dem im Meer treibender Plastikmüll aufgefangen werden kann. Seine Erfindung ist seit 2018 im Einsatz. Über sein Projekt The Ocean Cleanup (Reinemachen im Ozean) kannst du im Internet mehr erfahren.

60 160 000 PLASTIKTÜTEN PRO SEKUNDE

Nimmst du dir einen wiederverwendbaren Beutel zum Einkaufen mit? Oder nimmst du jedes Mal eine neue Plastiktüte? Letzteres ist keine gute Idee: Weltweit werden 160 000 Plastiktüten pro Sekunde ausgegeben. Lies dir diesen Satz noch einmal durch, und schon sind noch mal eine halbe Million Tüten hinzugekommen. Das sind beinahe 10 Millionen Tüten pro Minute, über eine halbe Milliarde in der Stunde und 13 Milliarden pro Tag! Und gerade mal 1 bis 3 % davon werden recycelt, die meisten landen früher oder später im Ozean, wo sie mit all den anderen Abfällen die Plastiksuppe bilden.

Verwirrung im Meer

In den Ozeanen schwimmen unter anderem Meeresschildkröten. Die erkennen den Unterschied zwischen einer Qualle und einer Plastiktüte nicht. Was da vor ihnen durchs Wasser schwebt, sieht für sie aus wie ein Leckerbissen. Sie fressen die Tüte, und damit beginnen die Probleme. Das Plastik wird nicht verdaut, sondern sitzt in ihrem Magen und Darm fest. Sie können es nicht mehr ausscheiden. Vielleicht hätte die Schildkröte noch ein langes Leben vor sich gehabt (immerhin können sie bis zu achtzig Jahre alt werden), doch das Plastik in ihrem Bauch wird sie umbringen. Den Walen ergeht es ähnlich. Die haben oft kiloweise Plastik im Magen. Dadurch fühlen sie sich satt, fressen nicht mehr und verhungern buchstäblich. Albatrosse können einen leckeren Fisch nicht von einem bunten Plastikstück unterscheiden und fressen es entweder selbst oder verfüttern es an ihre Jungen. Wozu das führt, kannst du dir denken.

Derzeit sind fast vierhundert Tierarten vom Aussterben bedroht, weil sie entweder Plastik fressen oder sich darin verheddern. Und wenn sie nicht am Plastik direkt sterben, kann es immer noch sein, dass sie davon vergiftet werden. Denn Plastik enthält allerlei giftige Stoffe, die ans Wasser abgegeben werden.

Das meiste Plastik, das in die Ozeane gelangt, ist Einwegplastik, das wir nur einmal verwenden: eine Limonadenflasche, eine Kekspackung, eine Salattüte. Du kannst aber dazu beitragen, dass die Plastiksuppe nicht größer wird, indem du so wenig vorverpackte Waren wie möglich kaufst. Vielleicht kannst du deine Eltern ja überreden, dass ihr eure Einkäufe in einem der vielen Unverpacktläden erledigt, wo alles ohne Verpackung angeboten wird und selbst abgefüllt werden muss. Dazu bringt man einfach Gläser, Kisten und Tüten mit. Und wenn etwas doch verpackt ist? Dann recycle alle Verpackungen mit dem Grünen Punkt* und wirf sie *never ever* auf die Straße.

*Das sind zum Beispiel bestimmte Plastikflaschen und -tuben, Metallverpackungen und Getränkekartons.

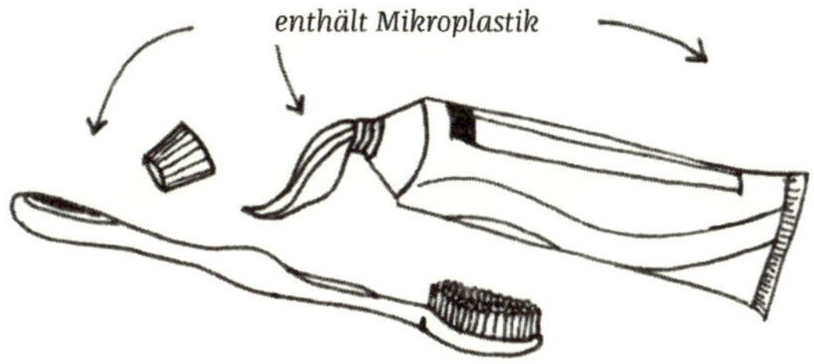

61 AUCH IN ZAHNPASTA UND SHAMPOO STECKT PLASTIK

Du glaubst es vielleicht nicht, aber es stimmt wirklich: In Zahnpasta, Shampoo, Make-up, Sonnenöl und verschiedenen Pflege- und Haushaltsprodukten kann Mikroplastik stecken, winzig kleine Plastikperlen oder -körner. Die sorgen zum Beispiel dafür, dass unsere Zahnpasta besser »scheuert« oder dass wir beim Peeling die toten Hautschüppchen besser abkriegen.

Diese kleinen Plastikstücke landen meist im Waschbecken und werden von da mit Wasser in die Abwasserleitung gespült. Die Vorrichtungen, die das Wasser filtern sollen, sind nicht dafür gebaut, so kleine Teilchen aufzufangen. So gelangen die winzigen Kügelchen massenweise in unsere Flüsse und von dort in die Ozeane und Meere, wo sie die Plastiksuppe vergrößern und Meerestiere sie in den Magen bekommen und davon krank werden.

Zero Plastic Inside

In einigen Ländern sind Produkte mit Mikroperlen inzwischen verboten, darunter die USA, Kanada, Australien, Großbritannien und Frankreich. Möchtest du wissen, ob in deinen Produkten Mikroperlen enthalten sind? Dann halte auf dem Etikett Ausschau nach Polypropylen, PP, PE oder Polyethylen. Wenn auf der Verpackung ein Dreieck mit einer Null in der Mitte abgebildet ist (das Logo von Zero Plastic Inside), enthält das Produkt kein Mikroplastik.
Auf <u>www.beatthemicrobead.org</u> findest du eine Liste von Produkten mit und ohne Mikroperlen.

Bonus-Info:

Prinz Harry und seine Frau Meghan wollten zur Hochzeit keine Geschenke, sondern baten ihre Gäste, an Organisationen zu spenden, die sich gegen die Plastikverschmutzung einsetzen. Eine wirklich noble Geste, finden wir!

Die Strände sind voller Plastik.

62 IN DEINEM BADEANZUG STECKT PLASTIK – UND IN DEINEM TRIKOT VIELLEICHT AUCH

Wirf doch mal einen Blick auf die Etiketten in deiner Badehose, deinen Sportsachen oder deinem Fleecepulli. Wenn da Nylon, Acryl, Polyester oder ein anderer Kunststoff aufgelistet ist, enthält der Stoff Plastik. Oft werden diese Kleidungsstücke sogar aus recycelten Plastikflaschen hergestellt. Toll, denkt man da, Recycling ist gut. Das stimmt auch … aber da gibt es wieder ein Problem. Denn beim Waschen lösen sich Mikrofasern aus der Kleidung, die mit dem Spülwasser ins Abwasser und von dort ins Meer gelangen. Ein Drittel des Mikroplastiks in den Ozeanen soll aus Kleidung stammen. Die winzigen Fasern verbreiten sich sogar durch die Luft. Überall tauchen sie auf – selbst an Orten, wo nie Menschen sind. Und sie gelangen in unser Essen. Sie finden sich in Fischen, Muscheln und anderen Meerestieren, aber auch im Honig. So landen sie am Ende wieder bei uns. Je älter deine Sportsachen sind, desto mehr Mikrofasern verlieren sie.

Natürlich wird auf Hochtouren nach Lösungen gesucht. Forscher*innen tüfteln zum Beispiel an der Entwicklung von speziellen Wäschebeuteln, die die Fasern beim Waschen auffangen. Waschmaschinenhersteller wollen bessere Filter entwickeln, die die Fasern nicht durchlassen. Wir alle können unseren Teil beitragen, indem wir so wenig synthetische Kleidung wie möglich tragen und stattdessen auf natürliche Stoffe wie Baumwolle, Leinen, Wolle oder Seide zurückgreifen. Und unsere synthetischen Kleider sollten wir seltener waschen, damit der Stoff weniger schnell verschleißt und weniger Fasern verliert. Dadurch halten die Sachen länger, und obendrein sparen wir Wasser, Strom und Waschmittel.

sexy Flaschenfleecepulli

63 BIOLOGISCH ABBAUBAR – ABER NICHT IM BAUCH EINES FISCHES

biologisch »abbaubares« Plastik

Auf manchen Plastikverpackungen ist ein Blatt-Logo zu sehen. Das zeigt an, dass es sich um biologisch abbaubares Plastik handelt, das nach einiger Zeit komplett zersetzt, also verschwunden ist. Aber freu dich nicht zu früh. Auf dem Komposthaufen in unserem Garten kann es bis zu zwei Jahre dauern, bis diese Art Plastik wirklich abgebaut ist. Biologisch abbaubar bedeutet eigentlich, dass es in einem speziellen Apparat bei einer Temperatur von 65 °C innerhalb von sieben Wochen vollständig abgebaut wird. Im Bauch eines Fisches oder einer Meeresschildkröte hält es deutlich länger: zu lange, als dass das Tier überleben könnte.

Und wenn auf einer Verpackung Bioplastik steht? Dann handelt es sich um Plastik, das aus natürlichen Rohstoffen wie Zuckerrohr oder Stärke hergestellt, aber nicht immer biologisch abbaubar ist. Manchmal bleibt es genauso lange im Meer wie normales Plastik.

Auf jeden Fall solltest du Plastik nie einfach auf die Straße werfen, denn am Ende landet es dann doch wieder bei dir. Und am allerbesten ist es sowieso, so wenig Plastik wie möglich zu verwenden.

Frischer Fisch mit Pommes und Salat

64 PLASTIK IN DER TIEFE DES OZEANS

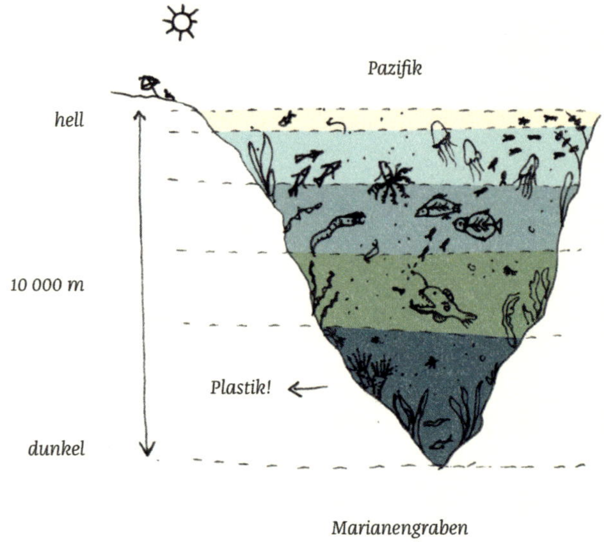

Hast du schon mal vom Marianengraben gehört? Das ist der allertiefste Punkt der Erde. Er befindet sich im Pazifik und liegt an seiner tiefsten Stelle fast 11 000 Meter unter der Meeresoberfläche. Da unten ist es furchtbar kalt und stockdunkel: nicht gerade ein gemütlicher Ort. Doch selbst dort wohnen besondere Meereslebewesen, wie zum Beispiel Flohkrebse, die an kleine Garnelen erinnern, und seltsame Fische mit fast durchsichtiger Haut. Und ja … hier schwimmt auch Plastik herum. Auf dem Grund des Marianengrabens wurde eine Plastiktüte gefunden. Das meiste Plastik trieb in 6 Kilometern Tiefe durchs Wasser: etwa 335 Stücke pro Quadratkilometer. Vor allem fand man Einwegplastik wie Verpackungen, Tüten und Trinkflaschen.

Wissenschaftler*innen bereitet diese Entwicklung große Sorgen. In der Erdschicht am Grund des Grabens befinden sich Spalten, aus denen kalte und heiße Quellen sprudeln. Diese geben Mineralien an das Wasser ab, von denen sich Bakterien ernähren, die wiederum Nahrung für Korallen, Würmer, Fische und Seeanemonen darstellen. In einer Studie hatten alle untersuchten Flohkrebse im Marianengraben Mikroplastik im Körper. Meistens handelte es sich um Fasern aus synthetischer Kleidung, aber auch Mikrokügelchen waren darunter. Das sind richtig schlechte Nachrichten, denn es zeigt, dass auch die Ökosysteme tief im Ozean von unserem Plastik belastet werden.

Bonus-Info:
Auch im Eis rund um Spitzbergen und Kanada ist Mikroplastik gefunden worden. Das muss durch die Luft dorthin gelangt sein. Expert*innen zufolge könnte das bedeuten, dass wir Menschen wahrscheinlich andauernd Plastik einatmen … Ein gruseliger Gedanke!

65 ZIGARETTEN SIND UNGESUND!

Als Superschlaukopf weißt du natürlich, dass du nie mit dem Rauchen anfangen solltest, weil es schrecklich ungesund für deinen Körper ist. Aber wusstest du, dass Zigarettenkippen auch für die Umwelt sehr schädlich sind? Jedes Jahr landen weltweit um die 4,5 Milliarden Zigarettenstummel in der Natur. Sie machen einen Großteil des sichtbaren Mülls an Land und im Meer aus und verschmutzen den Ozeanboden. In der Natur zersetzen sich die Filter der Kippen nämlich nur sehr langsam. Es dauert Jahre, bevor ein Zigarettenfilter vollständig abgebaut ist, und selbst dann bleiben noch winzige Fasern übrig, die sich nicht weiter zersetzen, sondern ins Wasser oder in den Boden dringen. Landen Zigarettenstummel im Wasser, werden sie oft von Fischen gefressen. Und die werden krank von den Nikotinresten und den Kunststoffbestandteilen im Filter.

Du rauchst natürlich nicht, aber vielleicht kaust du ja gerne Kaugummi. Wirf dein fertig gekautes Kaugummi niemals auf die Straße! Es dauert nämlich mindestens zwanzig Jahre, bis es vollständig abgebaut ist. Es macht nicht nur Dreck, sondern ist auch gefährlich für kleine Tiere. Ein kleiner Vogel, der durchs Gras hüpft, kann an einer Kaugummikugel kleben bleiben. Dann kann er nicht mehr weiterfliegen und verendet. Oder er hält den Kaugummi für Futter und verstopft sich den Magen. Ein Kaugummi gehört also genau wie anderer Abfall in den Mülleimer, damit er fachgerecht entsorgt werden kann.

Rauchen ist tödlich.

66 RUF DIE ARMEE! PLASTIK-FEIND IM ANMARSCH!

Schließ mal die Augen und stell dir einen Fluss vor. Das Wasser plätschert ruhig dahin. Wie schön … Nun stell dir vor, der Fluss ist voller Plastikflaschen und -tüten, Bonbonpapiere, Chipspackungen und anderen Abfällen, sodass du das Wasser nicht mehr siehst. Es ist buchstäblich ein Fluss aus Plastikmüll. Schon sieht das Ganze etwas weniger hübsch aus. Diesen Fluss gibt es wirklich. In Bandung, einer großen indonesischen Stadt, ist der Fluss so voll mit Müll, dass das Wasser nicht mehr fließt. Nichts bewegt sich mehr. Früher wurden Lebensmittel in Städten wie Bandung in Bananenblättern verpackt, aber heute benutzt man Plastik. Außerdem hat sich die Stadtbevölkerung in den letzten Jahrzehnten stark vergrößert, und viele Menschen werfen ihren Abfall einfach in den Fluss, der dadurch natürlich furchtbar dreckig geworden ist. Es ist so schlimm geworden, dass der Staat das Militär herbeigerufen hat. Das hat nun den Auftrag, den Fluss vom Abfall zu befreien, damit er wieder fließen kann. Doch es ist ein Kampf gegen Windmühlen. Zwar holen die Soldaten riesige Mengen Plastik aus dem Wasser, aber tagtäglich kommt wieder genauso viel dazu. Für das indonesische Militär ist das Plastik derzeit der größte Feind. Gleichzeitig versucht die Regierung, die Bevölkerung davon zu überzeugen, kein Plastik mehr in die Flüsse zu werfen. Außerdem stellt sie Gelder für Recyclingzentren bereit. Doch es wird noch lange dauern, bis all das Plastik beseitigt ist und der Fluss wieder ungehindert fließen kann.

Zum Glück sind sich immer mehr Lokalregierungen des Problems bewusst und versuchen, etwas gegen die Verschmutzung zu tun. Auf der Insel Bali in Indonesien darf seit Juni 2019 kein Einwegplastik mehr verwendet werden. Wer gegen das Verbot verstößt, muss mit heftigen Bußgeldern rechnen. Ziel ist, dadurch die Menge an Plastikmüll mittelfristig um 70 % zu verringern.

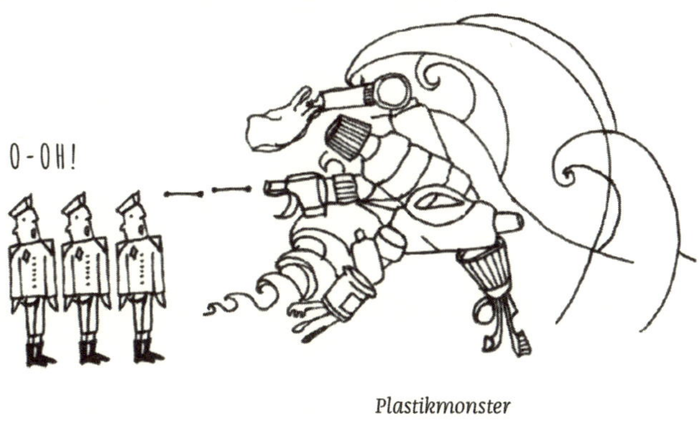

Plastikmonster

67 FAST ALLES PLASTIK KOMMT AUS ZEHN FLÜSSEN

Natürlich wollen wir alle, dass weniger Plastik im Meer landet. Forscher*innen suchen nach Wegen, um die Ozeane von Plastik zu befreien. Klar müssen wir auch alle weniger Plastik gebrauchen oder zumindest verhindern, dass es ins Meer gelangt.

Fast das gesamte Plastik in den Weltmeeren stammt aus zehn Flüssen: aus dem Jangtsekiang, dem Indus, dem Gelben Fluss, dem Hai He, dem Nil, dem Ganges, dem Perlfluss, dem Amur, dem Niger und dem Mekong.

Sie alle liegen in Asien oder Afrika. Diese großen Flüsse strömen an Gebieten vorbei, in denen oft Millionen von Menschen wohnen. Diese Städte liegen häufig in ärmeren Ländern, in denen der Abfall meist nicht richtig entsorgt werden kann. Dort gibt es auch keine Recyclingprogramme, mit denen das Plastik weiterverarbeitet werden kann.

Ein erstes großes Problem wäre gelöst, wenn wir es wenigstens schaffen könnten, all das Plastik aufzufangen, bevor es im Meer landet. Aber so weit ist es noch nicht.

Bonus-Info:

In Europa wird jährlich der große Flussbadetag **Big Jump** (der große Sprung) abgehalten. Tausende Menschen in verschiedenen Städten springen dann in die großen Flüsse, um Wasserverschmutzung anzuprangern und ein Zeichen zu setzen, damit ihre Regierungen mehr zum Schutz der Gewässer unternehmen. Willst du auch mitmachen? Der Big Jump wird jedes Jahr am zweiten Sonntag im Juni abgehalten. An welchem Ort in deiner Nähe ein Big Jump stattfindet, kannst du im Internet nachlesen.

Die Abfälle strömen mit den Flüssen ins Meer.

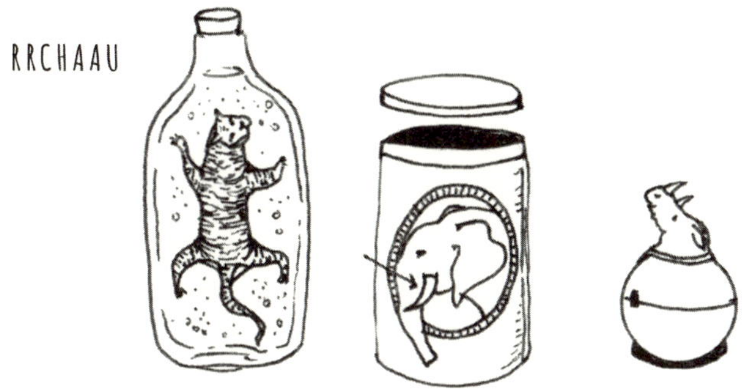

Portion Kraft *Portion Glück* *Fitnesspulver*

68 WILDERER HABEN ES BESONDERS AUF BEDROHTE TIERARTEN ABGESEHEN

Wilderer jagen Tiere, ohne dass sie eine Erlaubnis dafür haben. Es macht ihnen nichts aus, dass es von manchen Tieren nur noch wenige gibt. Im Gegenteil: Mit bedrohten Tierarten können sie schließlich am meisten Geld verdienen. Immerhin wirft der Handel mit bedrohten Arten jährlich 8 bis 17 Milliarden Euro ab. Nach dem Verlust des natürlichen Lebensraums, ist die Wilderei der zweitwichtigste Grund für das Aussterben von Tieren.

Vor allem Elefanten fallen der Wilderei zum Opfer. Dreißigtausend von ihnen werden jedes Jahr wegen des Elfenbeins ihrer Stoßzähne getötet. Daraus werden dann Kunstgegenstände angefertigt. Der Handel mit Elfenbein ist zwar verboten, aber das stört die Wilderer wenig. Wenn wir ihnen nicht das Handwerk legen können, wird es in dreißig Jahren keine wilden Elefanten mehr geben.

Das Horn eines Nashorns ist ebenfalls bei Wilderern begehrt. So wurden im Jahr 2017 in Südafrika sage und schreibe 1028 Nashörner von Wilderern getötet – das sind durchschnittlich drei Tiere pro Tag! Und das nur, weil manche Menschen überzeugt sind, dass das Pulver aus Nashorn-Horn sie stärker oder fitter macht. Wenn es in diesem Tempo weitergeht, wird das Nashorn sogar noch schneller aussterben als der Elefant.

Der Tiger ist aus Asien so gut wie verschwunden. Nur noch gut 3900 leben in freier Wildbahn. Auch auf sie wird Jagd gemacht, und zwar für die Herstellung von »Tigerwein«. Dazu wird das Skelett des toten Tigers für längere Zeit in einem Fass mit Reiswein gelagert. Der so gebraute Trank soll den Konsumenten so »stark wie einen Tiger« machen. Das ist natürlich Unsinn.

Manche reiche Menschen finden auch Freude daran, selbst wilde Tiere zu jagen. Sie blättern oft Tausende von Euro hin, um einen Elefanten, einen Tiger oder ein Nashorn zu erlegen. Ihre Jagdtrophäen hängen sie sich dann zu Hause an die Wand. Ein seltsames Hobby, oder?

Zum Glück gibt es Organisationen, die sich gegen Wilderei und Trophäenjagd einsetzen. Der Handel mit bedrohten Tierarten ist weltweit verboten.

Beifang im Schleppnetz: Meerjungfrau

69 WIR HOLEN ZU VIELE FISCHE AUS DEM MEER

Drei Milliarden Menschen – etwas weniger als die Hälfte der Weltbevölkerung – sind zum Überleben auf Fisch als Nahrungsquelle angewiesen. Und für Millionen von Menschen weltweit ist die Fischerei auch die einzige Einnahmequelle. Lange glaubten wir, die Meere würden nie leer werden. Heute denkt die Wissenschaft anders darüber.

Seit 1950 holen wir mehr Fische aus dem Meer, als neue nachkommen. Die Fische können sich einfach nicht schnell genug fortpflanzen. Und manche Techniken tragen dazu bei, dass der Fischbestand noch schneller schrumpft. An manchen Stellen im Meer werden mit kilometerlangen Schleppnetzen riesige Mengen an Fischen gefangen. Wenn das mehrmals an der gleichen Stelle passiert, können die Jungfische das fortpflanzungsfähige Alter nicht mehr erreichen, und die Population stirbt aus.

Bei diesen großen Netzen gibt es auch immer viel Beifang. So nennt man Fische, Schildkröten und manchmal auch Meeresvögel, die unbeabsichtigt in den Netzen landen und mit herausgezogen werden. Die werden einfach tot zurück ins Meer geworfen. Niemand hat etwas davon.

Grundschleppnetze schleifen über den Meeresboden und beschädigen so Korallen, Pflanzen sowie Muschel- und Austernbänke. An manchen Orten in Afrika und Asien füllen Fischersleute Dynamit in leere Getränkedosen und lassen den Sprengsatz in der Nähe eines Korallenriffs explodieren. Die toten Fische treiben nach oben und können leicht aufgesammelt werden, aber das Riff ist natürlich unwiederbringlich zerstört. In Asien wird auch Cyanid verwendet. Fischersleute spritzen das Gift in die Spalten des Riffs, die Fische werden betäubt und sind leicht zu fangen. Doch andere Lebewesen in der Koralle werden direkt getötet.

Wenn wir in Zukunft noch Fische in den Meeren sehen wollen, müssen wir uns gut überlegen, wie wir die Fischerei angehen. Denn so ein Ozean ohne Leben ist nicht gerade eine schöne Aussicht.

70 WIR WERFEN GANZE LKW-LADUNGEN AN LEBENSMITTELN WEG

Stell dir mal fünf große, volle Eimer vor. Das ist ungefähr die Menge an Lebensmitteln, die jeder von uns jedes Jahr wegwirft. Vor allem Brot, Milchprodukte, Gemüse, Kartoffeln und Obst landen im Mülleimer. Kekse und Bonbons dagegen essen wir anscheinend immer brav auf. All die weggeworfenen Lebensmittel zusammen würden Tausende von LKWs füllen. Und da kommen noch die 60 Liter Erfrischungsgetränke, Saft, Wein, Bier, Kaffee und Tee hinzu, die wir jedes Jahr in den Abfluss gießen.

Weltweit landen etwa ein Drittel aller produzierten Lebensmittel im Abfall. In den ärmeren Ländern geht vor allem während der Ernte oder bei der Weiterverarbeitung der Lebensmittel viel verloren. In den reicheren Ländern entstehen die meisten Abfälle im Haushalt oder im Laden.

Das ist natürlich die reinste Verschwendung, vor allem, wenn man bedenkt, dass etwa eine Milliarde Menschen auf der Erde nicht genug zu essen hat. Und nicht nur das: Um all das Essen und Trinken herzustellen, wird viel Energie verbraucht. Verpackt und transportiert werden muss es natürlich auch. Die Lebensmittelproduktion ist weltweit für fast ein Drittel des gesamten Treibhausgasausstoßes verantwortlich. Wenn wir die Lebensmittel dann einfach wegwerfen, ist das natürlich eine noch schlimmere Verschwendung. Und alles wird von Menschen produziert. Schon ein bisschen verrückt, dass jemand für etwas arbeiten muss, was am Ende doch im Abfall landet ...

Bonus-Info:

Die Nahrungsmittelproduktion ist von fossilen Brennstoffen abhängig. Umgerechnet werden für unser Essen täglich 2 Liter Benzin pro Kopf benötigt. Benzin ist ein fossiler Brennstoff. Das Essen, das wir wegwerfen, trägt also auch zu einem höheren CO_2-Ausstoß bei.

unsere weggeworfenen Lebensmittel

– 5 –

DIE FOLGEN DER ERDERWÄRMUNG UND -VERSCHMUTZUNG

an der Kasse

71 EIN PLANET REICHT NICHT MEHR

Seit den 1970er-Jahren verbrauchen wir Menschen jedes Jahr mehr, als die Erde in einem Jahr zur Verfügung stellen kann. Wir fangen mehr Fische aus den Ozeanen und Flüssen, als in einem Jahr nachkommen können. Wir fällen mehr Bäume, als in einem Jahr nachwachsen. Wir ersetzen mehr Wildnis durch Beton und Ackerland, als die Erde verkraften kann. Wir stoßen mehr Kohlendioxid und andere Treibhausgase aus, als die Wälder und Ozeane aufnehmen können. Die Organisation Global Footprint Network berechnet jedes Jahr den Tag, an dem die Menschen alle Rohstoffe und Nahrungsmittel aufgebraucht haben, die die Erde in einem Jahr liefern kann, außerdem die Menge an Abfallstoffen, die sie in einem Jahr verarbeiten kann. Dieser Tag heißt auf Englisch **Earth Overshoot Day** oder **Ecological Debt Day** und auf Deutsch **Erdüberlastungs-** oder **Ökoschuldentag**.

1990 lag der Erdüberlastungstag am 6. November. Zehn Jahre später war er schon auf den 9. Oktober vorgerückt. 2019 war es der 29. Juli. Wir leben also im Moment fünf Monate pro Jahr »auf Pump«. In dieser Zeit brauchen wir die Vorräte auf, die die Erde noch hat, und muten ihr mehr Verschmutzung zu, als sie selbst wieder reinigen kann. So kann es nicht weitergehen. Wir müssen also irgendwie dafür sorgen, dass der Erdüberlastungstag sich wieder nach hinten verschiebt.

72 BALD KRIEGEN WIR NASSE FÜSSE

Hier ist ein kleines Experiment: Lege einen Eiswürfel in ein Glas Wasser und markiere, bis wo das Wasser reicht. Dann lass den Eiswürfel vollständig schmelzen. Und jetzt miss den Wasserstand von Neuem. Was siehst du? Der Wasserpegel ist so gut wie gleich geblieben.

In Info 15 hast du gelesen, dass der Nordpol vollständig aus Meereis besteht. Darunter liegt also kein Land. Wenn dort das Eis schmilzt, passiert nichts. Der Wasserpegel wird weder steigen noch fallen.

Aber bei dem Landeis auf Grönland im Norden und in der Antarktis im Süden sieht es anders aus. Grönland ist von einer sehr dicken Eisschicht bedeckt, und es gibt dort viele Gletscher. Würde all das Eis schmelzen, würde der Meeresspiegel weltweit um gut 70 Meter ansteigen. Solange das Eis nur an den Rändern von Grönland schmilzt, besteht keine große Gefahr. Wenn aber das Eis im Zentrum der Insel zu schmelzen beginnt, sieht es nicht mehr so gut aus. Das Schmelzwasser würde sich dann einen Weg nach unten bahnen und große Eisbrocken oder Gletscher mitreißen. Die würden in den Ozeanen landen, wo sie viel schneller schmelzen. Auch der antarktische Eisschild und das Eis in den Hochgebirgen können den Meeresspiegel dramatisch ansteigen lassen.

Im Sommer 2017 brach in der Antarktis ein gewaltiger Eisberg ab. Er war so groß, dass er als Brücke zwischen dem europäischen Festland und Großbritannien hätte dienen können – der Eurotunnel wäre mit einem Schlag überflüssig. Weil der Eisberg an der Kante von Antarktika schon auf dem Wasser trieb, hat er wahrscheinlich kaum Einfluss auf den Meeresspiegel. Wenn aber die Gletscher auf Antarktika auch schmelzen, bekommen wir auf jeden Fall nasse Füße.

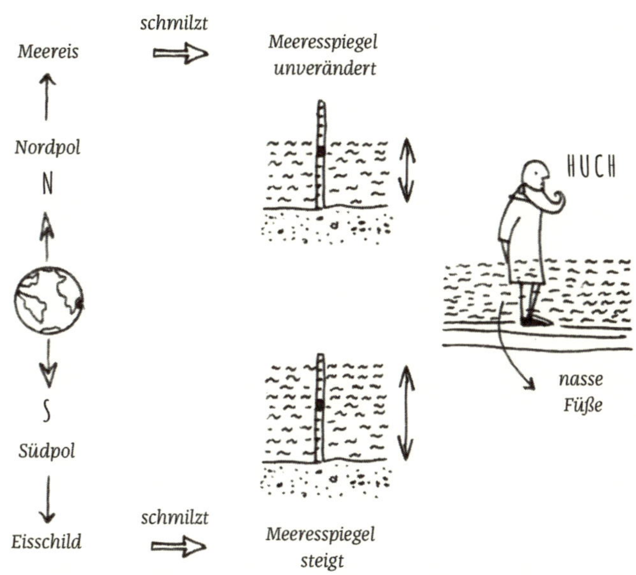

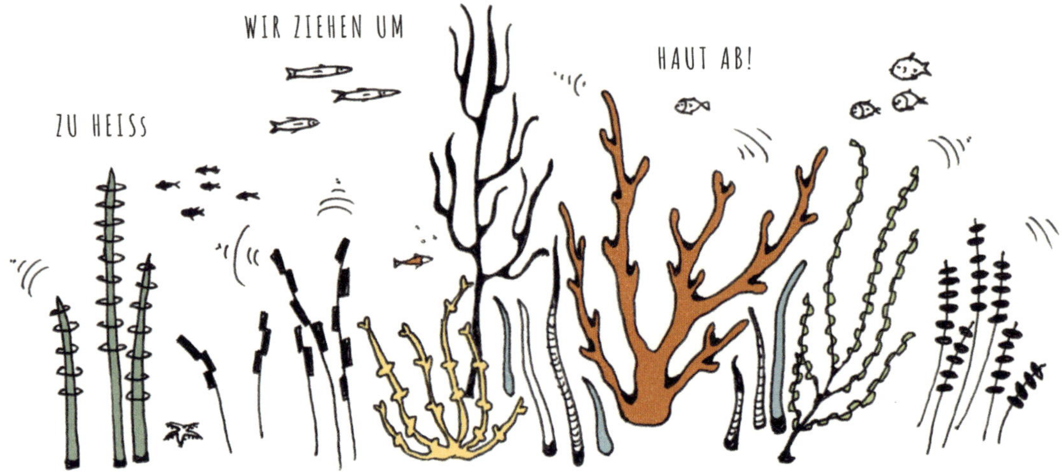

Das warme Bad ist Stress für die Koralle.

73 BALD WIRD'S IM OZEAN WARM WIE IN DER BADEWANNE (UND DAS IST NICHT SO TOLL, WIE ES SICH ANHÖRT)

Wasser ist ziemlich eigenwillig. Stell doch mal eine Schale voll Wasser in den Tiefkühlschrank. Wenn du sie wieder rausholst, sieht es aus, als wäre das Wasser »größer« geworden: Es ragt über den Rand der Schale hinaus. Das Gleiche passiert auch, wenn man Wasser erhitzt. Am »kleinsten« ist Wasser bei 4 °C: Bei dieser Temperatur hat es seine höchste Dichte. Der Anstieg des Meeresspiegels hat also nicht nur mit dem Schmelzen des Eisschilds zu tun, sondern auch mit der Ausdehnung des Wassers bei steigenden Temperaturen. Mit jedem Grad Erwärmung des Ozeanwassers steigt der Meeresspiegel um einen Meter. Die Luft ist derzeit im Schnitt 1 °C wärmer als in der Zeit zwischen 1850 und 1900. Zum Glück erwärmt sich Wasser langsamer als Luft. Derzeit liegt der Meeresspiegel im Vergleich zu 1850 um 20 Zentimeter höher.

Die Erwärmung des Wassers hat auch große Folgen für das Leben im Meer. Fische und andere Meereslebewesen haben es nicht so gerne warm. In Info 23 hast du erfahren, wie wichtig Korallenriffe für das Ökosystem Meer sind. Sie ernähren sich von den Algen, die auf ihnen wachsen und ihnen ihre Farbe geben. Wenn aber das Wasser um 2 °C wärmer wird, bedeutet das Stress für die Koralle. Dann stößt sie die Algen ab, die ihr dadurch keine Nahrung mehr liefern. Die Koralle verliert ihre Farbe: Sie *bleicht aus*. Nach einiger Zeit stirbt sie ab.

2016 bis 2017 gingen auf diese Weise über 1000 Kilometer des Great Barrier Reef in Australien zugrunde. Das ist das größte zusammenhängende Korallenriff der Erde. Nicht nur die Korallen starben, auch alle Fische und anderen Meerestiere, die dort lebten, mussten weichen oder verendeten selbst. Zurück blieb ein leeres Stück Ozean. Heute wissen wir, dass schon die Hälfte aller Korallen auf der Erde verschwunden ist. Eine Erwärmung der Meere um über 2 °C wäre eine Katastrophe für das gesamte Ökosystem Ozean.

74 WER SEIN HAUS NAH AM WASSER HAT, WIRD PROBLEME KRIEGEN

Der Meeresspiegel steigt. Für Küstenbewohner*innen ist das keine gute Nachricht. Bangladesch ist ein großes und dicht bevölkertes Land in Asien. Expert*innen schätzen, dass ein Drittel des Landes in Zukunft unter Wasser liegen wird. Millionen Menschen werden dann zur Umsiedlung gezwungen sein. Und die Niederlande heißen ja nicht ohne Grund so: Auch sie und Belgien werden den Anstieg des Meeresspiegels zu spüren bekommen. In jedem Fall werden diese Länder höhere Deiche bauen müssen.

Für Küstenstädte wird es in Zukunft eng. Oft sind es große Städte wie Miami, New York, Boston und New Orleans in den USA, Mumbai in Indien, Osaka und Nagoya in Japan und Guangzhou und Shenzhen in China. Die Bewohner*innen dieser Städte müssen mit schweren Überflutungen rechnen.

die verborgenen Salomonen

Noch schlimmer wird es für Menschen, die auf Inseln mitten im Ozean leben. Fünf kleine Inseln sind schon vom ansteigenden Ozean verschluckt worden. Sie waren Teil der Salomonen, einem Inselstaat im Pazifik. Die verschwundenen Inseln waren nur ein bis fünf Fußballfelder groß gewesen, doch auch größere Inseln der Salomonen liegen schon zum Teil unter Wasser.

Ganze Dörfer sind bereits von der Landkarte verschwunden. Auf Nuatambu zum Beispiel wohnten einst 25 Familien. Elf Häuser sind schon vom Meer verschluckt worden. Die Hälfte der Bewohner*innen zog auf eine etwas höher gelegene Nachbarinsel um. Expert*innen befürchten, dass den Malediven im Indischen Ozean und den Marschall-Inseln im Pazifik das gleiche Schicksal droht: Ihre Bewohner*innen werden umsiedeln müssen.

In den reichen Ländern wird derweil auf Hochtouren nach Mitteln und Wegen gesucht, wie man das steigende Wasser aufhalten kann. In den ärmeren südlichen Ländern ist das noch viel schwieriger. Für Millionen von Menschen wird das Leben im Süden sehr schwer werden, wenn der Meeresspiegel weiter ansteigt.

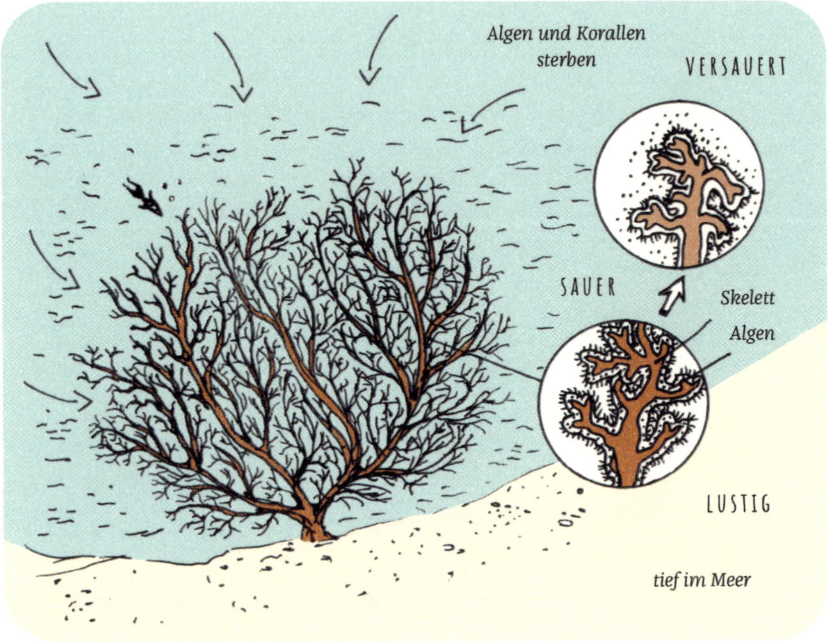

75 ZU SAUER MACHT NIEMANDEN LUSTIG

Die Ozeane nehmen riesige Mengen an Kohlendioxid aus der Atmosphäre auf: In den letzten zweihundert Jahren waren es gut 500 Milliarden Tonnen! Diese enorme Menge an Kohlendioxid senkt aber den pH-Wert der Ozeane, was bedeutet, dass ihr Säuregrad steigt. Das Ganze kann man mit Sprudel und stillem Wasser vergleichen. Im Sprudel befindet sich mehr Kohlensäure, darum ist es »saurer« als zum Beispiel Leitungswasser. Trink mal ein Glas stilles und ein Glas Sprudelwasser hintereinander: Du wirst den Unterschied sofort bemerken.

Seit Mitte des neunzehnten Jahrhunderts ist der pH-Wert des Wassers in den Ozeanen um 0,1 Einheiten gesunken. Das klingt zwar nach wenig, hat aber große Folgen. Die Versauerung greift Kalk an, genau wie Säure im Haushalt den Wasserhahn von Kalk befreien kann. Für die Schalen von Austern, Muscheln, Schnecken und anderen Schalentieren ist das sehr schlimm. Ihr Schutzpanzer wird dünner, was sie für Fressfeinde zur leichten Beute macht, außerdem werden sie anfälliger für Krankheiten. Manchmal sterben alle Jungen, weil ihre Schale nicht schnell genug fest wird.

Noch besorgniserregender ist, dass bei höherem Säuregrad Algen schlechter wachsen. Korallen sind aber auf Algen als Nahrung angewiesen. Verschwinden sie, verschwindet auch das Korallenriff. Der höhere Säuregrad greift auch das Skelett der Koralle an, wodurch die Riffe nicht mehr kräftig genug sind und durch Verschmutzung und Stürme leichter beschädigt werden können. Wir müssen also alles daransetzen, dass das Wasser nicht noch weiter versauert.

76 UND WENN DER TIEFKÜHLSCHRANK KAPUTTGEHT …

Der Tiefkühlschrank der Erde wird Permafrost genannt. Das ist ein Boden, der dauerhaft gefroren ist. Permafrostböden bedecken rund ein Fünftel der Erde. Sie befinden sich vor allem in Kanada, Alaska, Sibirien und Skandinavien. Im Sommer taut die oberste Schicht auf: der Auftauboden. Im Winter friert alles wieder fest.

Doch durch die Erderwärmung tauen immer größere Teile des Permafrostbodens, und die ganze Schicht wird dünner und kleiner. Und das ist gefährlich. Wenn man beim Tiefkühlschrank den Stecker aus der Buchse zieht und ihn ein paar Tage so stehen lässt, wird es irgendwann stinken, weil die ganzen Lebensmittel darin verrotten. Das Gleiche passiert auch mit dem Permafrost. In dem gefrorenen Boden stecken gigantische Mengen an Tier- und Pflanzenresten. Wenn die auftauen, ziehen sie Bakterien an, die sie zersetzen. Dabei werden große Mengen Kohlendioxid und Methan freigesetzt, und das bereitet Klimaforscher*innen große Sorgen. Denn wenn diese zusätzlichen Treibhausgase in die Atmosphäre gelangen, können sie die Erderwärmung noch beschleunigen. Es ist also überlebensnotwendig, die Temperatur unseres Tiefkühlschranks nicht noch weiter ansteigen zu lassen. Sonst kann es sein, dass wir bald den Tipping-Point, den Kipp-Punkt erreichen (siehe auch Info 96). Als Kipp-Punkt bezeichnen wir einen Moment, an dem in sehr kurzer Zeit eine gewaltige Veränderung eintritt, deren Folgen nicht mehr umkehrbar sind.

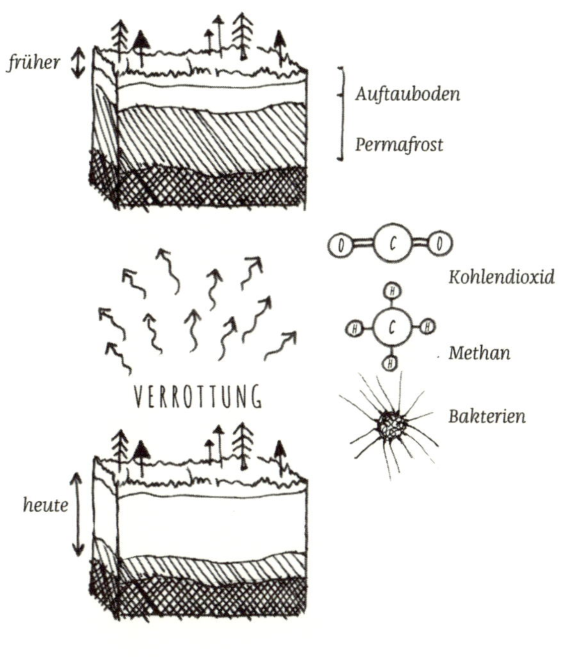

Stück Boden

WIRBELSTURM

1. Die Sonne erwärmt die Ozeane.
2. Wasser verdunstet, ein Tiefdruckgebiet entsteht.
3. Feucht-warme Luft wird angesogen.
4. Warme Luft wird nach oben verdrängt, der Druck steigt.
5. Luft sinkt ab, das Auge entsteht.
6. Hoch in der Luft bilden sich Spiralen.

77 WIND ... STURM ... HURRIKAAAAN!

Der Temperaturanstieg auf der Erde kann dazu führen, dass das Wetter immer extremer wird. Zum Beispiel dauern Trockenperioden immer länger. Ohne Wasser ist das Obst kleiner, Getreide kann nicht richtig wachsen, und vielleicht misslingt sogar die ganze Ernte. Auch die Hitzewellen nehmen zu. Dabei sind die Temperaturen tage- oder wochenlang viel höher als normalerweise, sodass man ins Freibad flüchten muss, um sich abzukühlen. Während solcher Hitzeperioden ist auch die Gefahr für schlimme Waldbrände sehr hoch. Die gab es zum Beispiel 2018 in Kalifornien und 2019 in Australien, aber auch in Schweden. Schweden liegt im hohen Norden, wo die Sommer normalerweise nicht so heiß sind. Und auch in der sibirischen Taiga wüteten die Brände. Dabei wurden gut 10 Millionen Hektar Waldfläche vernichtet. In Japan starben im Sommer 2018 fast zweihundert Menschen bei den schwersten Überschwemmungen, die das Land je gesehen hatte. Schwere Wirbelstürme wie Mitch, Katrina, Wilma und Haiyan forderten in den vergangenen Jahren viele Todesopfer.

Natürlich hat es schon immer Naturkatastrophen gegeben. Überschwemmungen, Wirbelstürme, Tornados und Orkane gab es zu jeder Zeit. Wenn man Krankheitsepidemien wie die Pest nicht mit einrechnet, ereignete sich die größte Naturkatastrophe im Jah r 1931: eine Überschwemmung in China, der Millionen Menschen zum Opfer fielen. Heute können Expert*innen mithilfe modernster Technik Wetterlagen viel besser voraussagen, sodass dort, wo Wirbelstürme drohen, die Bewohner*innen rechtzeitig fliehen können. Allerdings ist die Zahl extremer Wetterlagen heute dreimal höher als noch 1980, und viele Wissenschaftler*innen sind überzeugt, dass die Klimaerwärmung dafür verantwortlich ist.

78 IN DER STADT WIRD ES DRÜCKEND HEISS

Warst du schon mal an einem warmen Sommertag in der Stadt, oder wohnst du selbst in der Stadt? Bestimmt hattest du das Gefühl, dass es da viel heißer war als auf dem Land oder an der Küste. Und das stimmt.

Das liegt erstens an der Albedo der Stadt. Es gibt dort viel schwarzen Asphalt, viele dunkle Gebäude und manchmal ganze Marktplätze ohne ein einziges Grasbüschel. All diese dunklen Flächen nehmen die Sonnenstrahlung auf und geben viel Wärme ab, wodurch die Temperatur steigt.

Zweitens kann der Wind, der auf freien Flächen für Abkühlung sorgt, zwischen den Gebäuden in der Stadt weniger stark wehen. Außerdem gibt es viel Verkehr, und der Energieverbrauch, zum Beispiel durch Klimaanlagen oder Fabriken, ist oft höher als auf dem Land. Dadurch ist es in Städten oftmals bis zu 8 °C wärmer als in ländlichen Gegenden. Bei angenehmen 23 °C im schattigen Wald kann es in der Stadt schon mal bis zu 31 °C heiß werden. Sie wird zur *Hitzeinsel*.

Um das Jahr 2050 werden Schätzungen zufolge 68 % der Menschheit in einer Stadt leben. Wir müssen also dafür sorgen, dass die Städte bewohnbar bleiben. Dazu braucht es viel mehr Grün und weniger Verkehr. Schließlich wollen wir entspannt durch unsere Städte spazieren und radeln können – und Eis essen, ohne dass es sofort schmilzt!

Schon heute wird versucht, unsere Städte Stück für Stück etwas grüner zu machen. Manche Stadtverschöner*innen stecken Samen und Blumenzwiebeln in die Erde, um zwischen all dem Beton Pflanzen sprießen zu lassen. Solche Aktionen nennt man Guerilla Gardening. Dabei werden heimlich etwa Narzissen- oder Tulpenzwiebeln verbuddelt. Niemand bekommt etwas mit, aber im nächsten Frühling sprießen dann prächtige Blumen, die Bienen und andere Insekten anlocken. Noch einfacher geht es mit Sonnenblumen- oder Kürbiskernen. Klatschmohn oder Ringelblumen sorgen für Extra-Farbtupfer, und Minze lässt die Stadt schön duften. Worauf wartest du noch?

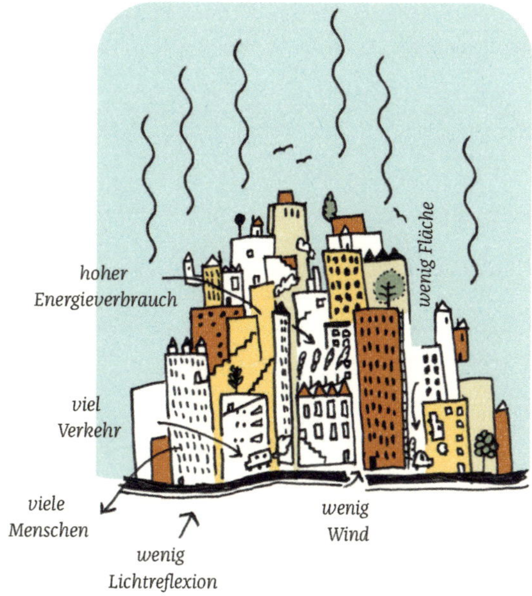

WILLKOMMEN IN SCHMORHAUSEN

79 DER WALD BRENNT

Hast du im Fernsehen auch die Bilder der Waldbrände gesehen, die 2018 und 2019 überall wüteten? Nahe der griechischen Hauptstadt Athen kamen bei Waldbränden 91 Menschen ums Leben, die höchste Opferzahl bei einem Waldbrand seit 1900. Und in Australien betrug die Zahl der toten Tiere durch die Buschbrände 2019/20 über eine Milliarde. Auch in Portugal und Spanien brannten 2017 große Waldflächen ab. In Kalifornien in den USA musste die Feuerwehr 2019 mit aller Macht anrücken, um riesige Gebiete zu löschen. Die Häuser vieler Hollywood-Stars wurden in den Flammen zerstört. Die Stadt Paradise in Nordkalifornien mag vielleicht nie ein echtes Paradies gewesen sein, doch die Flammen machten sie dem Erdboden gleich.

Für Feuer braucht es drei Dinge: brennbares Material, einen zündenden Funken und Sauerstoff, der dafür sorgt, dass alles weiterbrennt. Vor allem bei den Waldbränden in Europa war das alles reichlich vorhanden. Ein nasser Winter sorgte für viel Grün. Darauf folgte eine Hitzewelle, eine Periode mit hohen Temperaturen und ohne Regen. Das üppige Grün trocknete aus. Ein winziger Funke genügte, um alles lichterloh brennen zu lassen. In einigen Fällen zündete der Funke, weil jemand unachtsam war oder absichtlich Feuer legen wollte. Aber noch häufiger wurden die Waldbrände durch Blitzeinschläge verursacht. Der Klimawandel führt zu häufigeren Unwettern, wodurch Blitze als Brandauslöser wahrscheinlicher werden.

Klimatolog*innen rechnen damit, dass wir in Zukunft doppelt so häufig wie jetzt Hitzewellen erleben werden. Zusammen mit mehr Blitzeinschlägen bedeutet das auch mehr Waldbrände. Es sieht also düster aus für unsere Wälder und alles, was in ihnen lebt.

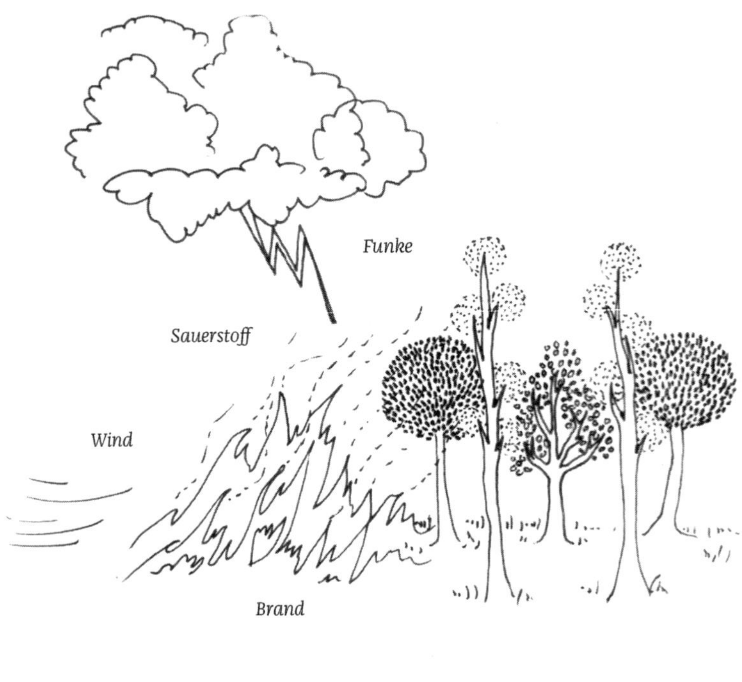

bereit für den Winter

80 WÄRMERES KLIMA UND TROTZDEM EISKALTE WINTER …

Warst du dieses Jahr in den Bergen? Es kann gut sein, dass da viel Schnee lag und man toll Ski fahren konnte. Vielleicht war es an manchen Tagen sogar richtig eisig und du musstest zwei Unterhosen übereinander anziehen. Wie passt diese Eiseskälte mit der Klimaerwärmung zusammen?

Erstens darf man Klima und Wetter nicht miteinander verwechseln. Das Klima bezieht sich auf einen langen Zeitraum von etwa fünfzehn oder dreißig Jahren, dabei werden die durchschnittlichen Werte herangezogen. Wir wissen heute sicher, dass die durchschnittliche Temperatur auf der Erde steigt. Wetter ist immer örtlich und zeitlich begrenzt und kann auch plötzlich umschlagen: Kaum hat man die Badehose an und will sich in die Sonne legen, fängt es plötzlich an zu regnen.

Zweitens kann es gut sein, dass der Klimawandel in einigen Gegenden der Welt zu härteren Wintern führt. So war es im Januar 2019 zum Beispiel in großen Teilen der USA unwahrscheinlich kalt. Das lag an einem Polar Vortex (Polarwirbel) hoch oben in der Atmosphäre. Vom Nordpol aus blies eiskalte Luft über den amerikanischen Kontinent. Während es dort extrem kalt war, erlebten andere Erdgegenden viel wärmere Temperaturen als normal. Experten erwarten auch, dass höhere Temperaturen am Nordpol in den USA für strengere Winter sorgen können, obwohl die Erde insgesamt sich erwärmt.

Manchmal ist die Klimaerwärmung sogar für mehr Schnee verantwortlich. Als der Lake Erie in Nordamerika 2006 zum ersten Mal nicht zufror, konnte das Wasser darin verdunsten. Das fiel als Schnee aus den Wolken – und zwar in großen Mengen!

Insgesamt wird das Klima in den kommenden Jahren sowieso viel schlechter vorhersagbar. Und vielleicht ist es genau das, was den Wissenschaftler*innen die größten Sorgen bereitet.

81 ZUGVÖGEL KOMMEN VOM KURS AB

Zugvögel müssen umziehen, um zu überleben, wenn es an einem Ort zu warm oder zu kalt wird, oder weil es nicht mehr genug Nahrung gibt. Auf der Suche nach einem besseren Ort legen sie oft weite Strecken zurück. Schwalben zum Beispiel brüten im Frühjahr und Sommer in Nordeuropa. Wenn es ihnen da zu kalt wird, fliegen sie in wärmere Gegenden in Asien, Afrika oder Südamerika. Die Vögel wissen genau, wo sie hinmüssen, um ausreichend Nahrung zu finden. Meistens haben sie eine feste Route und kehren an denselben Ort zurück.

Doch der Klimawandel macht ihnen einen Strich durch die Rechnung. Es ist im Schnitt wärmer, wodurch der Frühling etwas früher beginnt. Wenn die Zugvögel ankommen, haben sich die Raupen und Larven, von denen sie sich ernähren, längst zu Schmetterlingen und Motten verpuppt. Die Vögel finden nicht mehr genug Nahrung für ihren Nachwuchs. Manche Junge sterben, und die, die überleben, sind oft schwächer und können die Reise nach Süden am Ende des Sommers nicht antreten.

Der Klimawandel bringt außerdem mehr Stürme, Orkane, Überschwemmungen, Hitzewellen, Trockenperioden und andere extreme Wetterlagen mit sich. Wenn die Zugvögel auf ihrem Weg solchen Witterungen ausgesetzt sind, schaffen sie es oft nicht an ihr Ziel.

Das große Geflatter wird in der Luft durch Satelliten und auf dem Boden von Vogelbeobachter*innen verfolgt. Manche Satelliten sammeln zusätzlich Wetterdaten. Andere Geräte machen Bodenaufnahmen, um die Umgebung der Vögel zu erforschen. Diese Informationen werden mit den Beobachtungen der Vogelkundler*innen zusammengetragen. In den letzten Jahren kann man feststellen, dass die Anzahl der Zugvögel sehr rasant zurückgeht. Ein Teil von ihnen sucht sich andere Orte zum Überwintern, aber viele andere Zugvögel haben diese Chance nicht.

Bonus-Info:

Sowohl im Norden als auch im Süden gibt es Menschen, die sich für Zugvögel einsetzen. Naturschutzorganisationen in Europa und Afrika arbeiten zusammen daran, dass bestimmte Gebiete wieder aufgeforstet werden, um den Zugvögeln das Überwintern zu ermöglichen.

Zugvögel haben keinen Peil mehr.

82 WO SIND ALL DIE KRABBELTIERE HIN?

Kreischst du vor Schreck, wenn dir ein Käfer auf dem Arm herumkrabbelt? Oder fuchtelst wie wild, wenn du eine Wespe siehst? Viele von uns machen um Insekten lieber einen großen Bogen – dabei sind sie für unseren Planeten unentbehrlich. Wir brauchen sie zur Bestäubung verschiedener Blumen und Gewächse; sie sind Nahrung für Vögel, Frösche, Kröten, Salamander, Eidechsen und viele andere Tiere; sie schützen unsere Pflanzen vor Plagen; sie recyclen Nahrungsmittelreste und Mist und halten so den Boden gesund. Ohne Insekten nimmt die Artenvielfalt schnell ab, weil zusammen mit den Insekten auch größere Tierarten aussterben.

Insekten bilden die größte Gruppe von Tieren auf der Erde. Rund eine Million Arten ist schon beschrieben, aber Expert*innen schätzen, dass vielleicht mehrere Millionen Arten noch unentdeckt sind. Leider geht ihre Zahl immer mehr zurück. In manchen Gegenden leben heute bis zu 75 % weniger Insekten als früher. Bienen, Ameisen und Käfer sterben zurzeit achtmal so schnell aus wie Säugetiere, Vögel und Reptilien. Wenn es in dem Tempo weitergeht, gibt es am Ende des Jahrhunderts keine mehr.

Aber woran liegt es, dass sie verschwinden? Das hat mehrere Ursachen. Zum einen verwenden wir Menschen zu viele Giftstoffe und Pestizide, um unsere angebauten Pflanzen zu schützen. Sie rotten alle Insekten und damit auch ganze Ökosysteme aus. Das ist wirklich schade, denn es gibt durchaus weniger schädliche Methoden, um ohne Pestizid-Einsatz Nahrungsmittel anzubauen. Zweitens haben die Insekten heute viel weniger Lebensraum, weil überall so viel gebaut wird. Auf Straßen und asphaltierten Plätzen gibt es für sie kaum geeignete Stellen, um sich ein Nest zu bauen, und nicht genug Blumen, um Nahrung zu finden. Drittens können auch Insekten krank werden. Ein einziges Virus kann einen ganzen Staat auslöschen. Der Klimawandel hat zur Folge, dass manche Insekten, die normalerweise nur in Afrika vorkommen, nun auch in Europa überleben können. Manchmal fressen diese »exotischen« Insekten die heimischen auf und verändern so das ganze Ökosystem.

Lass also nächstes Mal den Käfer und die Fliege einfach in Ruhe vorbeikrabbeln – wir brauchen sie noch!

83 ES IST ZU WARM IM REGENWALD

Manchen Insekten macht die Wärme schwer zu schaffen. Das ist vor allem im tropischen Regenwald der Fall. Normalerweise passen sich Insekten – wie die Menschen auch – ziemlich schnell an Veränderungen an. Aber der Klimawandel geht im Moment so schnell vonstatten, dass die Insekten nicht mehr mitkommen.

Über einen langen Zeitraum hinweg haben Forschungsteams die Insekten im El Yunque-Regenwald in Puerto Rico gezählt. 1976 lag die Anzahl noch sechzigmal höher als im Jahr 2013. In der Umgebung von El Yunque wird keine Landwirtschaft betrieben, es wird nicht gebaut, und es werden keine Insektenvernichter verwendet. Die Expert*innen sind sich daher fast sicher, dass der Klimawandel hier eine Rolle spielt. Im untersuchten Zeitraum ist die Temperatur dort nämlich um 2 °C gestiegen. Tropische Insekten sind oft ziemlich besonders. Sie sind ausgezeichnet an ihren jeweiligen Lebensraum angepasst. Wenn sich darin aber eine Kleinigkeit ändert – zum Beispiel ein Temperaturanstieg von nur einem Grad –, steht ihre Welt Kopf. Sie können sich nicht schnell genug an die neuen Umstände gewöhnen und sterben in kurzer Zeit aus.

Durch das Insektensterben ist auch die Anzahl der Insektenfresser zurückgegangen. Heute leben weniger Vögel und Eidechsen im El-Yunque-Wald. Daran sieht man, wie wichtig jedes einzelne Glied in der Nahrungskette ist. Das Verschwinden einer Tierart hat Folgen für den ganzen Wald.

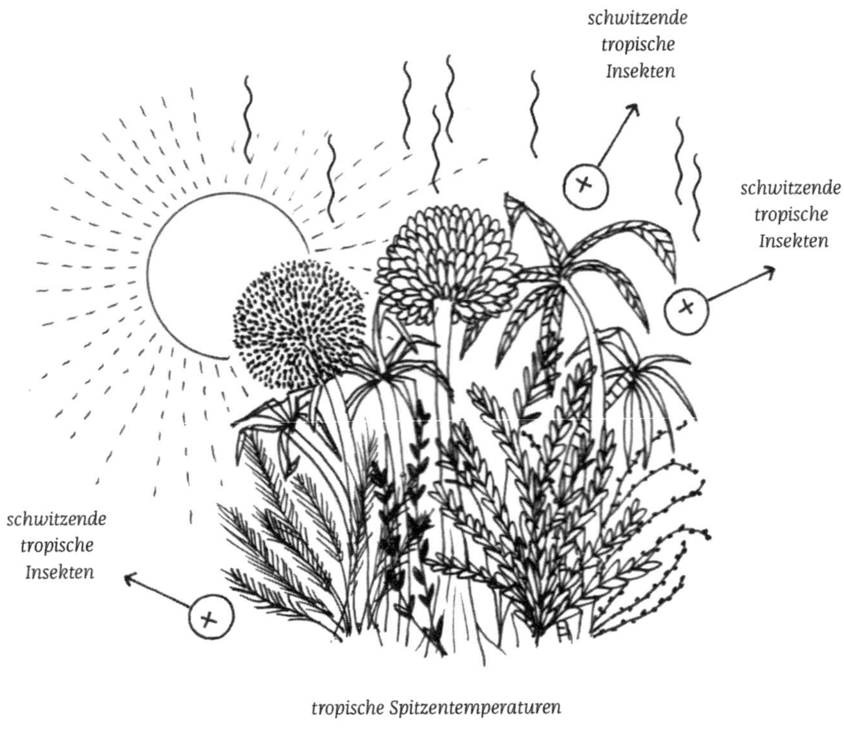

tropische Spitzentemperaturen

84 DIE WESPE MIT APPETIT AUF BIENEN

Bienen haben es schwer. Sie sind viel weniger als früher, und ihre Zahl geht immer weiter zurück. Das liegt in erster Linie an einem ganz bestimmten Pflanzenschutzmittel. Die Bienen, die dieses Gift aufnehmen, überleben den Winter oft nicht. Durch das Gift kann das Bienenvolk seine Königin schwerer am Leben halten, und ohne Königin stirbt das ganze Volk aus. Zum Glück ist das Gift mittlerweile in der Europäischen Union verboten.

Doch es gibt noch ein zweites Problem für unsere Honigbienen: die Asiatische Hornisse. Das ist eine 2,5 bis 3 Zentimeter große Wespenart. An die heimischen Hornissen sind die europäischen Bienen schon gewöhnt: Werden sie von einer Hornisse angegriffen, umzingeln die Bienen den Eindringling und töten ihn. Die Asiatische Hornisse aber erkennen sie nicht. So trifft sie nicht auf Gegenwehr, wenn sie in einen Bienenstock eindringt und dort alles ausräumt. Wahrscheinlich kam das Tier erstmals 2004 mit einer Ladung Bonsaibäume aus Asien in Frankreich an. Nur fünf Jahre später gab es bereits Tausende von Hornissennestern im ganzen Land. Und heute findet man Asiatische Hornissen auch in England, Italien, Belgien, den Niederlanden und Deutschland. Wer eine Asiatische Hornisse entdeckt, sollte sie den Behörden melden. Durch die gelben Beine ist sie gut zu erkennen. Der vordere Teil des Kopfes ist orangerot, das Hinterteil gelb-orange. Die Nester der Asiatischen Hornissen müssen entfernt werden – uns sind zwar alle Insekten willkommen, aber wenn sie unsere Bienen ermorden, hört der Spaß auf.

85 KÖNNT IHR MAL DAS LICHT AUSMACHEN? WIR HÄTTEN GERN ETWAS PRIVATSPHÄRE ...

Neue Sonne?

Vielleicht kennst du das Wort Lichtverschmutzung noch gar nicht und findest, dass es komisch klingt. Was soll denn an Licht schmutzig sein? Aber der Ausdruck passt ziemlich gut. Es geht nämlich um künstliches Licht, das uns ermöglicht, nachts draußen zu sehen: Straßenlaternen zum Beispiel, große Lichtmasten an Autobahnen, die Außenbeleuchtung an Gebäuden und so weiter.

Natürlich ist es nett, dass unsere Straßen nachts beleuchtet sind, aber für Insekten ist das verwirrend. Immerhin die Hälfte aller Insekten ist nachtaktiv und braucht die Dunkelheit, um zu überleben. Manche Insekten kommen gar nicht dazu, sich zu paaren, wenn es die ganze Zeit hell bleibt. Das künstliche Licht verändert auch die Lockstoffe der Weibchen, sodass sie keine Männchen mehr anlocken. Und ohne Befruchtung bekommen sie keinen Nachwuchs mehr. Weibliche Glühwürmchen leuchten zum Beispiel weniger, wenn künstliches Licht brennt, wodurch die Männchen sie schwerer finden können. So wird es für beide eine einsame Nacht.

Mistkäfer wiederum nutzen den Sternenhimmel zur Orientierung. Auf ihrem Körper befindet sich ein spezielles Organ, mit dem sie die Stellung des Mondes und der Sterne »lesen« können. Nur so kommen sie mit ihrer frisch gerollten Mistkugel wieder sicher zum Nest. Künstliches Licht bringt sie völlig durcheinander.

Manchmal stört das künstliche Licht sogar das Leben der tagaktiven Insekten. Bienen zum Beispiel sind zwar Tagtiere, doch sie fliegen aus, wenn sie in der Nähe ihres Nests eine beleuchtete Fläche wahrnehmen. So bekommen sie zu wenig Schlaf und sind schneller erschöpft. Wenn sie sich von ihren Nachtflügen nicht mehr erholen können, sterben sie. Wir sollten also lieber nachts mit Taschenlampe rausgehen – und den Insekten etwas mehr Privatsphäre gönnen.

Die Lichtkonkurrenz ist zu stark für das Glühwürmchen.

86 VERLIERER DES KLIMAWANDELS – UND KURZZEITIGE GEWINNER

Der Klimawandel und die Umweltverschmutzung sind für die meisten Tiere ein Problem. Wenn das Eis am Nordpol schmilzt, wird es für die Eisbären brenzlig. Sie können zwar gut schwimmen, aber es sind nun mal keine Fische. Im Wasser können sie auch viel schwerer Jagd auf Robben und andere Beutetiere machen. Und ohne Eisschollen haben sie keinen Platz, um sich auszuruhen. Auch die Partnersuche wird immer schwerer, und wenn sie dann doch mal Nachwuchs haben, fehlt der Schnee, um für die Jungen ein Nest zu bauen. Eisbären sind schon jetzt eine bedrohte Tierart, und sie müssen sich stark anpassen, um in den veränderten Bedingungen am Nordpol und auf Grönland zu überleben. Gelingt ihnen das nicht, sterben sie bald aus.

Für andere Tiere ist der wärmere Ozean auf den ersten Blick weniger schlimm. Manchen Walarten geht es im Moment sogar ganz gut. Weil es weniger Eis gibt, können die Wale leichter an andere Orte schwimmen und sich so ein größeres Nahrungsgebiet erschließen. Außerdem steigt die Chance, dabei auf andere Wale zu treffen – dadurch wird die Partnersuche leichter, und mehr Nachwuchs wird geboren. Doch leider wird diese Situation nicht andauern. Wenn sich das Ökosystem verändert, hat das auch großen Einfluss auf das Leben der Wale. So gibt es ohne Korallen auch nicht mehr genug Krill, von dem sich die Wale ernähren können. Es geht also immer ums Gleichgewicht der Natur. Es mag so scheinen, als ob der Klimawandel einigen Tieren erst einmal nutzt, aber auf lange Sicht werden sie wohl alle darunter leiden.

87 GIBT ES NOCH SÜDCHINESISCHE TIGER?

Vor zwanzig Jahren standen noch 10 000 gefährdete Pflanzen- und Tierarten auf der Roten Liste der Weltnaturschutzunion ICUN (International Union for Conservation of Nature). 2018 waren es über zweieinhalbmal so viele: über 27 000 Arten.

Heute kennt die Wissenschaft 1,4 Millionen verschiedene Pflanzen- und Tierarten. Das sind alle Säugetiere, Vögel, Fische, Insekten und andere Wirbellose, Reptilien, Amphibien, Pflanzen und Pilze zusammen.

Immer mehr Tiere und Pflanzen landen auf der Roten Liste der IUCN, weil ihre Anzahl bedrohlich zurückgegangen ist. Durch den Verlust von Lebensraum, Umweltverschmutzung, Klimawandel oder Wilderei sind sie vom Aussterben bedroht. Bei den weltweit 27 000 aktuell gefährdeten Tier- und Pflanzenarten handelt es sich um 25 % aller Säugetierarten, 14 % aller Vogelarten, 31 % aller Haie und Rochen, 33 % der Korallen, 34 % aller Nadelbaumarten und sogar 40 % aller Amphibienarten.

Bei den Säugetieren gelten zum Beispiel das Spitzmaulnashorn, der Orang-Utan, der Taiwanesische Weiße Delphin, der Gorilla, der Amur-Leopard und das Wondiwoi-Baumkänguru als ernsthaft bedroht. Von ihnen gibt es höchstens noch ein paar Hundert. Aber es geht noch schlimmer: Von einigen Arten wissen wir fast sicher, dass sie in den nächsten Jahren aussterben werden. So gibt es nur noch um die achtzehn Kalifornische Schweinswale. Wilderer setzen alles daran, sie zu fangen und zu verkaufen. Manchmal verfangen sie sich auch in Netzen. Vom Java-Nashorn leben nur noch höchstens sechzig Vertreter, und auch diese sind durch Wilderei bedroht, weil manche Menschen ihrem Horn heilende Kräfte zuschreiben. Auf der chinesischen Insel Hainan leben heute nur noch zwanzig Hainan-Schopfgibbons, weil ihr Lebensraum kleiner geworden ist und sie sich außerdem schlecht fortpflanzen. Auch für die etwa fünfzig noch lebenden Nördlichen Wieselmakis sieht es schlecht aus. Und beim Südchinesischen Tiger wissen wir noch nicht einmal, ob es überhaupt noch einen Vertreter gibt, denn seit mehreren Jahren wurde keiner mehr gesichtet.

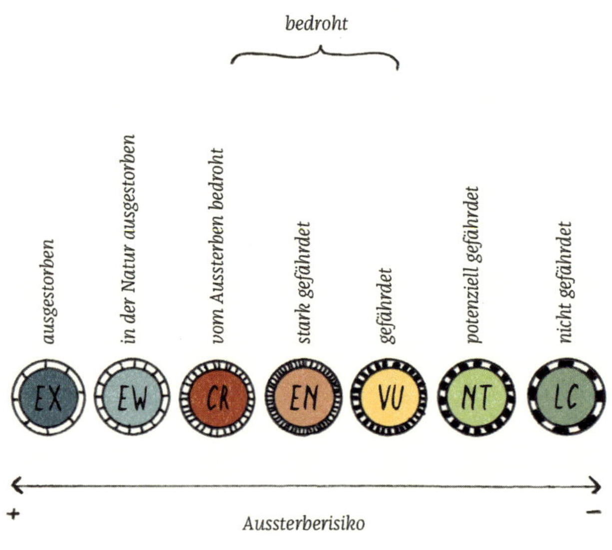

Rote Liste

mehr Hitze = mehr tierische Touristen im Norden

88 BIENENFRESSER ... ABER AUCH TIGERMÜCKEN

Hast du schon mal vom Bienenfresser gehört? Das ist ein wunderschöner Vogel mit einem prächtigen bunten Gefieder, der meistens im Süden Europas brütet. Aber dank der wärmeren Sommer verbreitet er sich immer weiter nordwärts. Inzwischen fühlt sich der Bienenfresser auch bei uns zu Hause. Aber damit nicht genug: Sein entfernter Cousin, der Blauwangenspint, der normalerweise in Nordafrika und Asien brütet, wurde mittlerweile auch schon in Nordeuropa gesichtet. Diese Vögel ernähren sich von Hummeln, Libellen, Faltern und Bienen. Dass sie bei uns überleben können, ist sehr ungewöhnlich und hat sicher mit der Erwärmung des Klimas zu tun.

Leider sind es nicht nur schöne Vögel, die sich jetzt, da es wärmer wird, weiter nördlich ausbreiten. Auch exotische Stechmücken werden mittlerweile hierzulande gesichtet. Und die sind als Überträger von Krankheitserregern gefährlich. So kann die Asiatische Tigermücke zum Beispiel Dengue-Fieber, Gelbsucht oder das Zika-Virus übertragen. Sie reist zum Beispiel im Gepäck von Reisenden oder in Warenlieferungen mit und gelangt so zu uns. Früher konnten die Mücken in unserem nördlichen Klima nicht überleben, aber weil es hier immer wärmer wird und die Tiere sehr anpassungsfähig sind, ist das heute anders. Tigermücken sind leicht zu erkennen: Sie sind sehr klein und haben einen schwarzweiß gestreiften Körper. Auch die Beine sind weiß gestreift. Forscher behalten die kleinen Biester gut im Auge, um eingreifen zu können, bevor sie Epidemien auslösen.

89 LEBE WOHL, PFLÄNZCHEN ...

Nicht nur in den Tropen sterben immer mehr Tier- und Pflanzenarten aus, auch in Europa sehen wir Arten verschwinden.

Zum Beispiel gab es in Belgien früher über fünfzig verschiedene Orchideenarten. Sechs von ihnen sind dort inzwischen ausgestorben, und auch um die anderen steht es nicht gut. Nimm zum Beispiel das Sumpf-Glanzkraut. Das ist keine Orchidee mit großen, bunten Blüten, wie man sie im Blumenladen findet, sondern eine ganz bescheidene mit eher kleineren Blüten. Sie braucht viel Wasser, um wachsen zu können. Durch das wärmere Klima wird es aber auch in Belgien immer trockener,

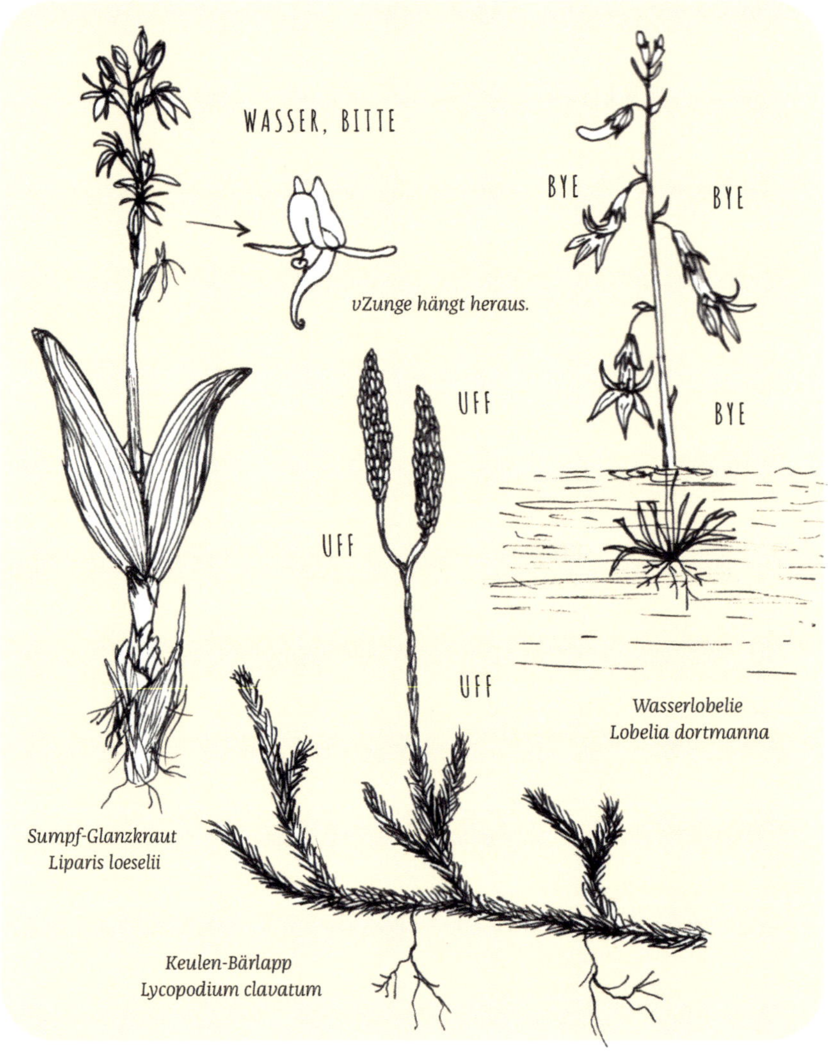

wodurch das Sumpf-Glanzkraut nicht mehr genug Wasser bekommt. Die Pflanze steht zwar unter Naturschutz, aber es geht ihr gar nicht gut. Auch in Deutschland und anderswo in Europa gelten viele Orchideenarten als bedroht.

Das Gleiche gilt für den Keulen-Bärlapp, eine Pflanze, die schon vor den Dinosauriern existierte. Sie hat schon vieles überstanden, aber heute kommt sie immer seltener vor. Sie reagiert sehr empfindlich auf lange Trockenperioden und Hitzewellen. Das ist schade, denn der Keulen-Bärlapp wird unter anderem für verschiedene Heilmittel verwendet. Vielleicht hast du schon einmal von der Krankheit Alzheimer gehört, die mit Gedächtnisproblemen einhergeht. Der Keulen-Bärlapp enthält einen Stoff, der Alzheimer-Patienten vielleicht helfen kann.

Auch die Wasserlobelie, die Schwarzpappel und andere heimische Pflanzen sind gefährdet. Es kann gut sein, dass die Klimaerwärmung ihnen endgültig den Rest gibt.

90 WAS, WENN NUR NOCH WEIBCHEN GEBOREN WERDEN?

Bei Menschen und Säugetieren wird gleich bei der Befruchtung festgelegt, ob es ein Junge oder Mädchen wird. Bei manchen Echsen, Schildkröten und Schlangen und bei den Krokodilen ist das anders. Bei ihnen hängt das Geschlecht des Nachwuchses von der Temperatur ab, bei der das Ei ausgebrütet wird. Das nennt man temperaturabhängige Geschlechtsbestimmung.

Als Superschlaukopf weißt du wahrscheinlich schon, was das bedeutet. Eine Temperaturveränderung führt dazu, dass zu viele (oder nur noch) Jungen oder Mädchen geboren werden. Nimm zum Beispiel die Meeresschildkröten. Die vergraben ihre Eier am Strand. Bei hohen Temperaturen werden vor allem Weibchen geboren, bei niedrigen vor allem Männchen. Eine Erwärmung um ein paar Grad sorgt dafür, dass aus den Eiern zu viele Schildkrötenweibchen schlüpfen. Das kann den Untergang der Art bedeuten. Wer soll die Weibchen befruchten, wenn es keine Männchen mehr gibt? Und dann kommt noch hinzu, dass das wärmere Wasser die Jungtiere kleiner und schwächer macht.

Bei Krokodilen ist es genau umgekehrt. Da werden bei Temperaturen über 32 °C meist nur Männchen geboren und bei Temperaturen unter 30 °C meist nur Weibchen. Da sieht man mal, was für einen großen Einfluss ein paar Grad mehr oder weniger haben können.

Ein wärmeres Klima erfordert Kreativität bei der Partnersuche.

Klimaflüchtlinge

91 MENSCHEN ERGREIFEN MASSENHAFT DIE FLUCHT

Wenn das Leben an einem Ort unmöglich wird, ergreifen Menschen die Flucht. Sie lassen ihr Haus und ihren Besitz zurück, um anderswo ein sichereres Zuhause zu finden. Bisher war das oft der Fall, weil in einem Land Krieg herrschte oder weil Menschen in ihrem Land nicht mehr sicher waren. Heute kommen noch die Klimaflüchtlinge dazu: Menschen müssen ihre Heimat verlassen, weil etwa der steigende Meeresspiegel zu Überschwemmungen führt, die ihr Haus mitreißen. Oder ihr Wohnort hat sich zu einer dürren Wüstenlandschaft entwickelt, und es gibt nicht mehr genug Trinkwasser. Oder es wächst nichts mehr aufgrund der Dürre, und so herrscht Nahrungsknappheit. Manche müssen vor Naturkatastrophen wie einem Wirbelsturm, einem Tsunami oder einem Erdbeben fliehen. Oft landen die Flüchtlinge an Orten, die selbst mit Problemen zu kämpfen haben, was zu Konflikten und sogar zu Bürgerkrieg führen kann.

Die ersten anerkannten Klimaflüchtlinge sind die Bewohner der Pazifikinsel Tuvalu. Seit 2014 dürfen sie sich in Neuseeland niederlassen, weil ihre Insel sehr wahrscheinlich innerhalb der nächsten Jahre vollständig vom Meer verschluckt wird. Auch Asien und Afrika sind stark betroffen. Durch lange Dürreperioden in der Wüste Gobi zieht es Tausende chinesische Bauern in die Städte. Bangladesch ist ein dicht bevölkertes Land, von dem ein großer Teil nur knapp über dem Meeresspiegel liegt. Hunderttausende dort müssen vor dem heranrückenden Wasser fliehen. Selbst in den USA schlägt der Klimawandel schon Menschen in die Flucht. So mussten die Bewohner der Isle de Saint Charles im Bundesstaat Louisiana ihr Zuhause verlassen, weil ihre Insel ständig überschwemmt wurde. Nach einem schweren Sturm waren auch in den Bundesstaaten New York und New Jersey viele Menschen zum Verlassen ihrer Häuser gezwungen. In Kalifornien sind es oft Waldbrände, vor denen die Menschen fliehen.

Experten erwarten, dass die Zahl der Klimaflüchtlinge jedes Jahr weiter ansteigen wird. Bis 2050 sind schon 150 bis 300 Millionen Flüchtlinge zu erwarten. Dreihundert Millionen Menschen auf der Flucht – das ist mehr als die Bevölkerung von ganz Deutschland, Frankreich, Großbritannien und Italien zusammen!

92 DER ARME SÜDEN ZAHLT DEN HÖCHSTEN PREIS

Die Bürger armer Länder verursachen durchschnittlich viel weniger CO_2-Ausstoß als die reichen Länder. Ein Mensch in Afrika verbraucht an einem ganzen Tag insgesamt im Schnitt so viel Wasser, wie wir in Europa allein für die Toilettenspülung verbrauchen. Trotzdem haben die ärmsten Länder am stärksten unter der Klimaerwärmung zu leiden. Von Trockenheit und Überschwemmungen werden sie am härtesten getroffen. In den großen Seen Afrikas leben immer weniger Fische, wodurch die Menschen dort weniger Nahrung bekommen. Außerdem fehlt in den armen Ländern oft das Geld, um sich besser vor verschiedenen Katastrophen zu schützen.

Das ist natürlich nicht fair, denn eigentlich zahlen ärmere Menschen den Preis für uns alle. Es ist nur gerecht, wenn die reichen Industrieländer sich um Lösungen kümmern, um die Folgen des Klimawandels in den ärmeren Ländern im Süden aufzufangen. Diesen Grundsatz nennt man Klimagerechtigkeit. Wir müssen auch dafür Sorge tragen, dass Länder wie China und Brasilien, die sich rasant entwickeln, weiterwachsen können, ohne ihren CO_2-Ausstoß noch mehr zu vergrößern und die Umwelt zu verschmutzen. Das gelingt nur, wenn die Länder untereinander ihr Wissen teilen und gemeinsam nach Lösungen suchen, die allen nutzen – ohne dabei noch mehr Schaden anzurichten.

– 6 –

UND WAS TUN WIR DAGEGEN?

Klimakonferenz

93 ES KLAPPT NUR, WENN ALLE ZUSAMMENARBEITEN

Wenn du bis hierher gelesen hast, weißt du inzwischen, dass wir vor einer großen Herausforderung stehen. Vielleicht ist es für die Menschheit sogar die größte Herausforderung aller Zeiten. Zum Glück begreifen immer mehr Menschen, dass die Zeit wirklich drängt. Überall forschen schlaue Köpfe an neuen Lösungen für unsere Probleme. Sie suchen nach immer neuen Wegen, um mit weniger Rohstoffen, weniger Energie, weniger Giftstoffen und weniger Treibhausgasausstoß Waren zu produzieren. Weil die Folgen des Klimawandels und der Umweltverschmutzung mittlerweile an vielen Orten spürbar sind, suchen sie nach Mitteln und Wegen, wie wir Menschen uns besser unserer Umwelt anpassen können.

Weltweit werden Klimakonferenzen abgehalten, an denen Regierungen, Wissenschaftler*innen, Firmenchef*innen und Vertreter*innen verschiedener Organisationen teilnehmen. Dort werden anhand der vom Weltklimarat (Info 41) gesammelten wissenschaftlichen Informationen neue Klimaziele festgelegt, und es wird auch beschlossen, bis zu welchem Stichtag diese Ziele erreicht werden müssen.

1997 wurde in der japanischen Stadt Kyoto ein wichtiges Dokument erstellt: das Kyoto-Protokoll. Die Industrieländer (mit Ausnahme der USA) erklärten sich damals bereit, den Ausstoß von Treibhausgasen zu reduzieren. Bis 2012 sollte der Ausstoß im Vergleich zu 1990 um durchschnittlich 5 % sinken. Zwischen 2013 und 2020 sollte er im Vergleich mit 1990 sogar um 18 % gesenkt werden. Die UN-Weltklimakonferenz findet jedes Jahr an einem anderen Ort statt. 2015 wurde in Paris ein neuer wichtiger internationaler Klimavertrag aufgesetzt und von 195 Nationen unterzeichnet. In dem Abkommen einigte man sich auf das 1,5 °C-Ziel, was bedeutet, dass wir versuchen müssen, die Erderwärmung auf 1,5 °C (gegenüber der Durchschnittstemperatur zwischen 1850 und 1900) zu begrenzen. Auf jeden Fall muss der Temperaturanstieg unter 2 °C bleiben, wenn wir die Erde für Menschen bewohnbar halten wollen. Alle Länder müssen einen Klimaplan erstellen und darlegen, wie sie den Treibhausgasausstoß verringern wollen. Reiche Länder müssen ärmere Länder dabei unterstützen, den Ausstoß von Co_2 zu senken. Diese Abkommen sind ein erster Schritt, und es wird sich zeigen, wie sie umgesetzt werden. Präsident Trump hat bereits angekündigt, dass die USA sich nicht mehr an die Vereinbarung halten wollen.

94 SIEBZEHN NACHHALTIGE ZIELE

Nachhaltigkeit bedeutet, dass wir die Erde so behandeln, dass unsere Kinder, Enkel, Urenkel und Ururur...enkel auch noch auf ihr leben können. Dazu müssen wir für ein gutes Gleichgewicht zwischen den Menschen, der Umwelt und der Wirtschaft sorgen.

Die Vereinten Nationen haben gemeinsam ein Dokument mit siebzehn Nachhaltigkeitszielen erstellt. Diese Ziele müssen die beteiligten Länder bis 2030 erreicht haben. Alle Ziele sind miteinander verbunden. Es geht um Menschen, Umwelt, Klima, Wohlstand und Gerechtigkeit.

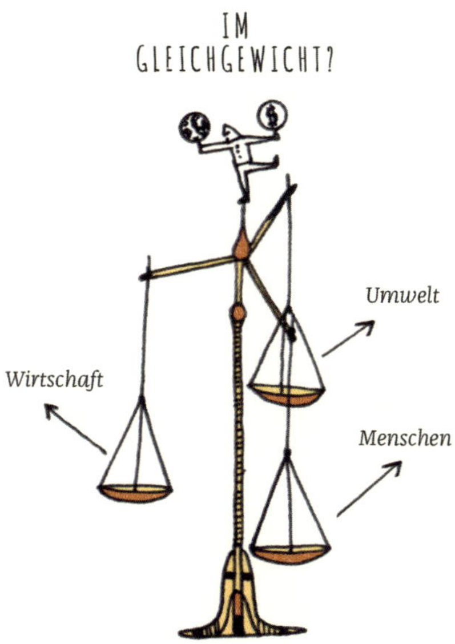

17 Nachhaltigkeitsziele

Die erste Zielsetzung ist die Überwindung von Armut in all ihren Formen. In den vergangenen zwanzig Jahren ist die Armut zwar weltweit gesunken, doch noch immer muss eine von zehn Familien mit weniger als 1,70 Euro pro Tag auskommen. Gleichzeitig müssen wir versuchen, den Hunger aus der Welt zu schaffen. Denn eigentlich ist genug Nahrung für alle da, wir müssen sie nur nachhaltig teilen, verteilen und konsumieren. Kinder auf der ganzen Welt haben ein Recht auf gute Bildung. Jungen und Mädchen müssen dieselben Chancen haben. Erwachsene haben ein Recht auf menschenwürdige Arbeit mit ausreichendem Lohn.

Natürlich geht es bei den Zielen auch um die Umwelt und das Klima. Wir müssen saubere Energie produzieren und den CO_2-Ausstoß senken. Fabriken sollen weniger Schadstoffe ausstoßen. Wir müssen sparsam mit Rohstoffen und der verfügbaren Energie umgehen. Reiche Länder müssen ärmeren Ländern helfen, den Umstieg auf eine umweltschonendere und nachhaltigere Wirtschaftsweise zu meistern. Weltweit müssen wir dafür sorgen, dass keine Wälder mehr abgeholzt, sondern neue Bäume gepflanzt werden.

Das sind schöne Ziele, aber die Umsetzung gelingt nur, wenn die Länder viel stärker als bisher zusammenarbeiten. Das wird ohne Zweifel die größte Herausforderung.

95 TINTENFISCHE HELFEN BEI DER ENTWICKLUNG VON UMWELTFREUNDLICHEM PLASTIK

… und noch etwas Tintenfischprotein

Siehst du es schon vor dir? Ein großes Labor voller Tintenfische an weißen Tischen mit Reagenzgläsern in den Tentakeln. Eine lustige Vorstellung, aber natürlich helfen die Tintenfische uns auf andere Art. Sie haben nämlich etwas, womit Forscher*innen zurzeit experimentieren: Auf ihren Tentakeln befinden sich runde Saugnäpfe mit kleinen Zähnchen. Mithilfe dieser Zähnchen können sie ihre Beute besser festhalten. Bei manchen Tintenfischarten enthalten sie ein besonderes Eiweiß (Squid-Ring-Teeth-Protein oder SRT), aus dem eine Art biologisches Plastik hergestellt werden kann. Dieses Plastik eignet sich gut, um Stoffe wie zum Beispiel eine Regenjacke oder eine Zeltplane mit einer wasserdichten Schicht zu versehen, wodurch der Stoff sofort geschützt wird. Und wenn er reißt, kann man ihn wieder »zusammenwachsen« lassen. Der Kunststoff bleibt fest und lässt sich oft waschen, ohne dass schädliche Plastikteilchen ins Wasser gelangen.

Und das Allerbeste? Für die Herstellung muss kein einziger Tintenfisch sterben, denn die Forscher können das Eiweiß im Labor mithilfe spezieller Bakterien selbst produzieren. Also muss der Tintenfisch nicht sein Leben opfern, um die Welt ein klein wenig besser zu machen.

96 MESSEN IST WISSEN 1: BLICK IN DIE ZUKUNFT

Wissenschaftler*innen versuchen ständig, die Zukunft vorauszusagen. Ihre Voraussagen basieren auf sogenannten Szenarien, das sind Beschreibungen möglicher Ereignisse und Entwicklungen. Die spielen vor allem in der Klimatologie eine große Rolle. Dabei wird so wenig wie möglich geraten und geschätzt – die Klimaforschung setzt auf harte Zahlen und Fakten. Alles wird gemessen und gezählt. Mithilfe von Experimenten wird dann getestet, ob die Berechnungen stimmen. Auf der Grundlage der Messungen will man verstehen, wie die Natur und das Klima funktionieren und was für einen Einfluss der Mensch darauf hat. Die Szenarien erlauben uns so einen Blick in die Zukunft. Mit ihrer Hilfe können wir ziemlich genau sagen, was passiert, wenn wir einfach so weitermachen wie bisher. Voraussagen wie »2050 gibt es keine Elefanten mehr« oder »die Temperatur steigt um 4 °C an« kommen also nicht aus einer Kristallkugel, sondern folgen aus wissenschaftlich gesicherten Szenarien.

Du hast in diesem Buch schon erfahren, dass Klimaveränderungen ziemlich langsam vonstattengehen. Doch Expert*innen fürchten die sogenannten Tipping-Points (Kipp-Punkte): Momente, an denen eine große, unwiderrufliche

Veränderung eintritt, etwas, was wir nicht mehr rückgängig machen können. Es ist wichtig, dass wir handeln, bevor so etwas passiert. Ein gutes Beispiel für ein Kippelement ist das Schmelzen des Polareises. Wenn aufgrund der Klimaerwärmung das Eis komplett schmilzt, droht alles zu kippen, weil eine Temperatursenkung dann nicht mehr ausreicht, damit sich neues Eis bildet. Ohne das Polareis verändert sich alles auf der Erde. Es ist nicht sicher, ob Pflanzen, Menschen und andere Tiere es überleben würden. Klimaforscher*innen versuchen deshalb vorauszusagen, wie viel Eis noch schmelzen kann und wie viel wärmer es noch werden kann, bevor der Kipp-Punkt erreicht ist. Sie erstellen Klimamodelle, indem sie Daten aus der Vergangenheit mit neuen Messungen vergleichen. Anhand der Klimamodelle beurteilen sie, wie widerstandsfähig das Erdsystem ist. Bis wann kann es sich wieder erholen, und ab wann gelingt das nicht mehr?

Je besser die Expert*innen die Kipp-Punkte voraussagen können, desto besser können sie uns informieren und Rat geben. Dann ist es an den Regierungen, den Unternehmen und an jedem Einzelnen von uns zu handeln, bevor es zu spät ist.

97 MESSEN IST WISSEN 2: ALGEN HELFEN BEI DER KLIMAFORSCHUNG

Zurzeit gehen Schätzungen davon aus, dass die Temperatur auf der Erde um 1,5 bis 4,5 °C ansteigen wird, wenn der Kohlendioxidgehalt in der Atmosphäre auf dem heutigen Stand bleibt. Das ist keine besonders genaue Voraussage. Mittlerweile wissen wir, dass bereits eine Erwärmung um 1 °C große Folgen hat. Die 3 °C-Spanne von 1,5 auf 4,5 °C macht also sehr viel aus.

Um genauere Voraussagen treffen zu können, nutzen Forscher*innen Materialien vom Grund des Ozeans: Sie holen Millionen Jahre alte Fossilien und Algen an die Oberfläche. Algen nutzen Kohlendioxid als Nahrung. Dabei bevorzugen sie das »leichte« CO_2 – wenn genug davon vorhanden ist, gehen sie an das »schwerere« nicht dran. Für die Forscher*innen ist interessant, welche Art von CO_2 sich in den Algenfossilien befindet.

Manchmal stoßen sie dabei auf Algen, die sich von der schweren Sorte Kohlendioxid ernährten. Zu ihrer Zeit muss es also sehr wenig Kohlendioxid im Wasser und in der Atmosphäre gegeben haben. Indem die Forscher*innen diese Informationen mit anderen Daten aus der Vergangenheit vergleichen, können sie die Klimafolgen eines Anstiegs oder einer Senkung des Kohlendioxidgehalts besser einschätzen. So entdeckten sie auch, dass der Klimawandel heute viel schneller voranschreitet als in der Vergangenheit. Veränderungen, die sonst Millionen von Jahren dauerten, laufen heute in knapp hundert Jahren ab.

Dank all dieser Informationen können Expert*innen besser beurteilen, wie empfindlich das Klima und die Temperatur auf der Erde auf Kohlendioxid reagieren. Toll, dass die kleinen Algen ihnen dabei helfen.

Algen als Helfer der Wissenschaft

98 MESSEN IST WISSEN 3: GESALZENE VORAUSSAGEN

Hast du schon mal einen Schluck Meerwasser in den Mund bekommen? Dann erinnerst du dich bestimmt an den Salzgeschmack. Je salziger das Wasser im Meer ist, desto schwerer ist es auch. Und schweres Wasser sinkt. So entstehen Strömungen in den Ozeanen und Meeren, die großen Einfluss auf das Klima haben. Klimaforscher*innen wollen herausfinden, wie weit sich der Salzgehalt verändern kann, bevor sich die Meeresströme drastisch verändern oder versiegen.

Am Nordpol und am Südpol ist das Wasser besonders salzig. Das schwerere salzige Wasser sinkt ab, wodurch eine Strömung entsteht. Daneben spielt auch die Wechselwirkung zwischen dem Salzgehalt und der Temperatur eine wichtige Rolle in der Entstehung von Meeresströmungen. Um den Äquator herum verdunstet viel Wasser, weil es dort sehr warm ist. Dadurch steigt der Salzgehalt im Wasser, vor allem an Orten, wo wenig Regen fällt. Warmes Wasser ist leichter als kaltes, es fließt also weiter. In der Umgebung der Pole kühlt es ab und sinkt. In großer Tiefe strömt es dann zurück zum Äquator, um dort die obere Schicht des abfließenden warmen Wassers aufzufangen.

Doch das Klima wird immer wärmer. Durch die Eisschmelze gelangt mehr Süßwasser und damit leichteres Wasser in die Meere und Ozeane. Das kann den Motor, der die Strömungen antreibt, verlangsamen oder sogar stilllegen. Wenn die Klimaforscher*innen verstehen, wie genau der Salzgehalt die Strömungen beeinflusst, können sie wieder einen Kipp-Punkt benennen: Wann ist das Wasser nicht mehr salzig genug, um alles in Bewegung zu halten?

Um den Salzgehalt zu untersuchen, machen sie sich auf die Suche nach winzigen Plankton-, Algen- und Muschelfossilien. Den Salzgehalt messen sie sowohl auf der Innen- als auch auf der Außenseite. Die Daten aus diesen Messungen verknüpfen sie mit allerlei anderen Informationen. So können sie Voraussagen darüber treffen, ob wir dem Meer den Salzstreuer reichen müssen.

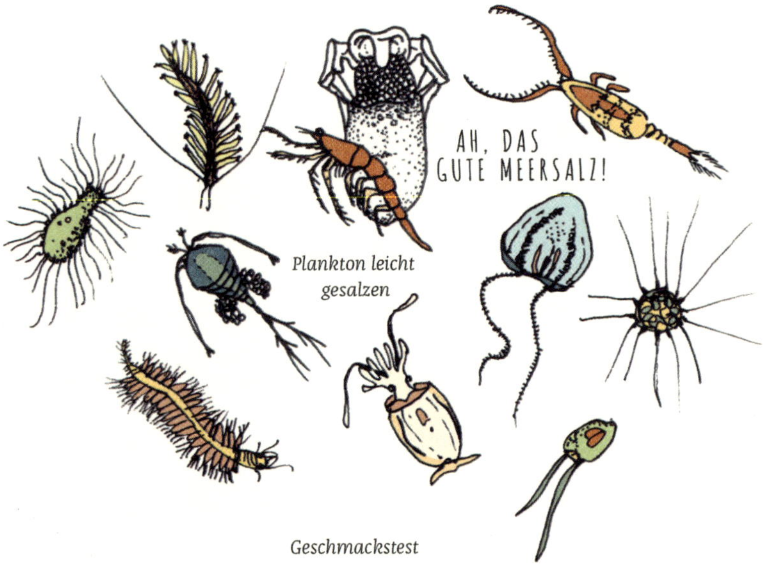

Geschmackstest

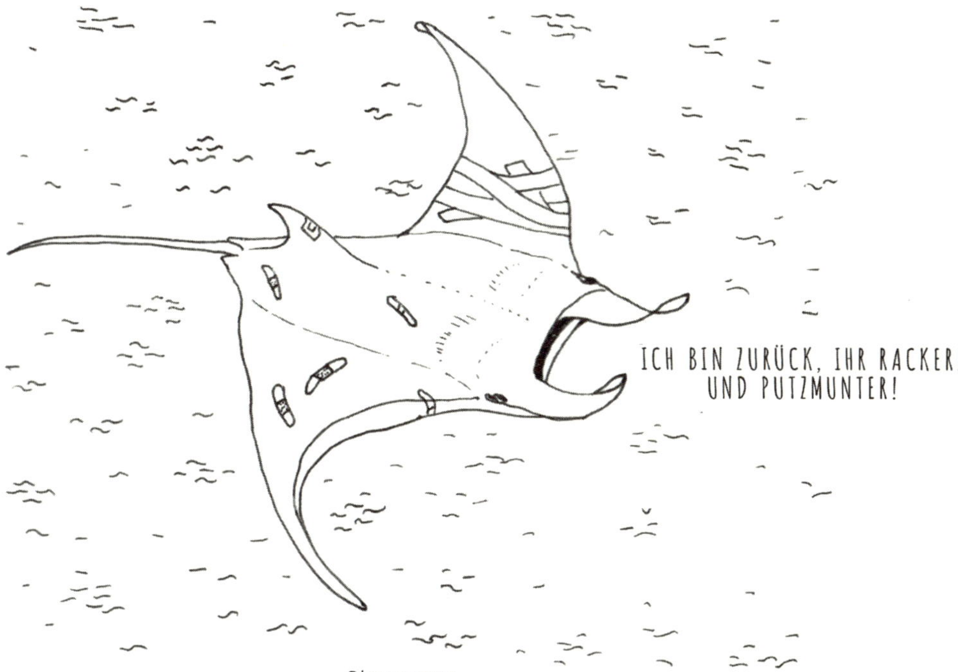

Riesenmanta
Manta birostris

99 WENN WIR IHM DIE CHANCE GEBEN, KOMMT DER OZEAN VON SELBST WIEDER AUF DIE BEINE

Die Natur verfügt zum Glück über starke Selbstheilungskräfte. Was heute krank ist, kann wieder gesund werden. Natürlich nur, wenn wir aufhören, die Erde weiter krank zu machen.

Ein gutes Beispiel ist der Ozean um die Raja-Ampat-Inseln in Südostasien. Durch Überfischung und Misswirtschaft gab es dort fast keine Haie und andere große Fische mehr. Das Korallenriff krankte und schwand. Zum Glück wurden die Gewässer rund um die Inseln 2007 unter Schutz gestellt. Und siehe da: Zehn Jahre später schwimmen hier wieder jede Menge Haie! Sie kommen sogar extra her, um ihre Jungen zu gebären. Auch die Schildkröten, auf die früher Jagd gemacht wurde, weiden wieder in Ruhe am Meeresgrund. Ihnen geht es wieder gut. Mit den Haien kehrten auch andere große Fische wie die Riesenmantas zurück. Und auch das Korallenriff erholte sich wieder.

Noch ein Beispiel gefällig? Dann nehmen wir dich mal mit in die Atacamawüste in Südamerika. Einst war sie Brutgebiet für Millionen von Meeresvögeln, doch vor fünfzig Jahren verschwanden sie, weil es durch Überfischung nicht mehr genug Fische im Meer gab. Dann stellte die Regierung die Küstengewässer unter Schutz. Daraufhin kehrten die Sardellen in gewaltigen Schwärmen zurück, und nach einiger Zeit ließen sich auch die Vögel wieder blicken. Inzwischen hocken wieder 3 Millionen Kormorane an der Küste. Auch die Pelikane kamen wieder, ebenso die Seelöwen, die sich auch gern mal ein paar Sardellen schmecken lassen.

Expert*innen sind überzeugt: Wenn es uns gelingt, ein Drittel aller Küstengewässer wieder aufzupäppeln, wird sich die Natur so weit erholen, dass sie ausreichend Nahrung für alle Menschen und Tiere liefern kann.

Tschernobyl

100 LÄSST MAN DER NATUR IHREN LAUF, PRODUZIERT SIE MEHR

In Afrika ist es oft ziemlich schwer, Pflanzen anzubauen. Landwirt*innen müssen manchmal bis zu viermal säen, bevor überhaupt etwas wächst. Das liegt daran, dass der Boden nicht genug Wasser enthält und der Wind wie ein Rasiermesser über das Land fegt.

Im afrikanischen Land Niger kamen die Bauern und Bäuerinnen auf die Idee, dass es helfen könnte, Bäume und Sträucher auf den Feldern einfach stehen zu lassen, anstatt sie abzuholzen. Die Entdeckung machten sie durch Zufall. Außerhalb der Feldsaison arbeiteten viele junge Männer in der Stadt, und wenn sie zurückkehrten, war das Land mit jungen Bäumen und Sträuchern überwuchert. Manche Männer kamen so spät zurück, dass sie keine Zeit mehr hatten, die Felder von den wild wachsenden Trieben zu befreien. So säten sie die Saat einfach dazwischen aus.

Zur allgemeinen Überraschung fiel die Ernte auf den Feldern, auf denen die Triebe der Büsche und Bäume stehen bleiben durften, höher aus als auf denen, wo alles abgeholzt wurden war. Im nächsten Jahr passierte genau das Gleiche, woraufhin alle Bauern und Bäuerinnen beschlossen, ihre Felder nicht mehr ganz »freizuräumen«. Die jungen Bäume und Sträucher blieben also stehen und sorgten so dafür, dass der Wind nicht mehr so heftig über die Felder raste. Außerdem spendeten sie den angebauten Pflanzen Schatten. Dadurch verdunstete weniger Grundwasser, und für die jungen Pflanzen blieb mehr übrig. Die Blätter, die von den Bäumen fielen, düngten den Boden. In der Zwischenzeit eigneten sich die Landwirt*innen viel Wissen über Forstwirtschaft an. Innerhalb weniger Jahre wurden so in ganz Niger über 5 Millionen Hektar Ackerland wieder »vergrünt«. Das ist ein enorm großer Teil des Landes. Eigentlich taten die Landwirt*innen dort nichts anderes, als der Natur ihren Lauf zu lassen. Sie pflanzten keine besonderen Bäume, sondern ließen einfach wachsen, was schon da war: günstig und vor allem sehr wirksam.

101 OHNE MENSCHEN IN DER NÄHE KOMMT DIE NATUR WIEDER ANS RUDER

Im Jahr 1986 ereignete sich in der Ukraine eine schreckliche Katastrophe. In der Stadt Tschernobyl explodierte der Reaktor eines Atomkraftwerks. Über 100 000 Menschen mussten vor der Strahlung fliehen. Niemand durfte mehr in der Stadt wohnen.

Auch 2019 ist es in Tschernobyl für Menschen noch lange nicht sicher. Aber dafür kann man dort etwas Besonderes beobachten. Die Gebäude, Wohnhäuser und Straßen werden von der Natur zurückerobert. Bäume wachsen durch die Häuserdächer. Wo einst eine Fabrik stand, blühen alle möglichen Pflanzen und Blumen. Der Asphalt der Straßen wird von Sträuchern nach oben gedrückt.

Auch wilde Tiere sind zurückgekehrt. Zurzeit leben in Tschernobyl Füchse, Eidechsen, Salamander und viele verschiedene Vögel. Forschende, die den Ort besuchen, sichten häufig auch große Säugetiere wie Rehe, Elche und Braunbären. Sogar eine Herde Przewalski-Pferde, die in freier Wildbahn schon als ausgestorben galten, fühlt sich dort zu Hause. Und es gibt viele Wölfe dort. Die kommen nur, wenn es genügend Beutetiere zum Jagen gibt. Innerhalb von dreißig Jahren hat die Natur es also geschafft, sich zu erholen. Wo einst eine Stadt war, gibt es heute wieder ein Stück Wildnis in Europa. Die noch vorhandene Strahlung scheint den Tieren wenig auszumachen. Wenn die Menschen zurückkommen, ist davon auszugehen, dass die Tiere wieder verschwinden. Offenbar ist der Mensch für die Natur gefährlicher als radioaktive Strahlung …

vorher

nachher

102 BRUDER BIBER IST ZURÜCK

Du kennst ihn sicher: den Biber. Leicht zu erkennen an seinem großen, platten Schwanz. Mit dem kann er feste auf den Boden klatschen, um seine Brüder und Schwestern zu warnen, wenn von irgendwo Gefahr droht. Er ist aber auch ein nützliches Werkzeug für den Dammbau und um seinen Jungen Schatten zu spenden. Mitte des neunzehnten Jahrhunderts war der Biber in Europa fast vollständig ausgerottet. Er wurde allerorts gejagt, weil sein Fell und Fleisch, aber auch das Bibergeil so begehrt waren, aus dem verschiedene Heilmittel hergestellt wurden. Nur an wenigen Orten in Norwegen, Russland, Polen und Deutschland kamen noch Biber vor. Doch gegen Ende des zwanzigsten Jahrhunderts wurden in vielen europäischen Ländern erneut Biber ausgewildert und ihre neuen Lebensräume unter Schutz gestellt. Dort konnten sie nach Herzenslust ihre Dämme und Burgen bauen. So ein Biberdamm ist ein kleines Wunder der Technik, das eine ganze Landschaft verändert. Er schafft riesige Sumpfgebiete, die viele Arten von Tieren anlocken. In und um den Biberdamm herum wimmelt es nur so von Leben. 2003 gab es in ganz Europa wieder um die 600 000 Biber. Du willst auch mal einen sehen? In Naturschutzgebieten kann man oft auf geführten Spaziergängen in der Abenddämmerung Biber sichten.

Bonus-Info:

Nicht nur Biber, auch Fischotter kehren endlich zurück. In den 1980er Jahren waren sie aufgrund der starken Wasserverschmutzung bei uns schon fast ausgerottet. Doch seit einiger Zeit werden sie auch bei uns wieder gesichtet.

103 WILLKOMMEN, HERR WOLF!

Bis Mitte des neunzehnten Jahrhunderts lebten in ganz Europa noch Wölfe. Doch die Menschen mochten die Tiere nicht besonders. Hatte das Märchen Rotkäppchen ihnen Angst gemacht? Hatten die Wölfe sich einmal zu oft ihre Schafe geschnappt? Jedenfalls wurden alle Wölfe erlegt. Nur in der Wildnis in Osteuropa überlebten noch einzelne Wolfsfamilien oder Rudel.

Inzwischen ist jedoch ein kleines Wunder geschehen: Der Wolf ist zurück! Das liegt erstens daran, dass er seit 1982 in der Europäischen Union unter Schutz steht – Wölfe dürfen bei uns nicht mehr gejagt werden. Als Ende des zwanzigsten Jahrhunderts die Grenzen zwischen Ost- und Westeuropa wieder aufgingen, kamen die Wölfe und sahen sich neugierig um. Als klar war, dass es im Westen genug Nahrung gab, erweiterten sie ihre Reviere. Im Lauf der Jahre waren sie weniger menschenscheu geworden und trauten sich auch näher an bewohnte Gegenden heran.

Wölfe stehen an der Spitze der Nahrungskette. Sie ernähren sich vor allem von Rehen, Rothirschen und Wildschweinen. Dadurch können sie ein Ökosystem gesund erhalten. Die Beutetiere halten sich lieber von den Rudeln fern, und so kann der Wald, in dem die Wölfe leben, sich wieder erholen, denn die Rehe knabbern nicht mehr die Rinde der jungen Baumtriebe ab. Die Anwesenheit des Wolfs lockt auch andere Tiere an, etwa Aasfresser wie Füchse, Raben, Bussarde und Dachse, die einfach das futtern, was die Wölfe liegen lassen. Heute leben wieder über 17 000 Wölfe in Europa, auch bei uns in Deutschland. Müssen wir jetzt Angst vor ihnen haben? Aber nein! Wölfe halten lieber Abstand von uns. Und was ist mit dem Vieh? Tja … so ein zartes Schaf ist natürlich leichte Beute für den Wolf. Aber Naturschutzorganisationen unterstützen die Landwirt*innen dabei, Schafe und andere Nutztiere vor Wölfen zu schützen. Und wenn doch mal ein Schaf aus der Herde von einem Wolf gerissen wird, bekommt der Hirte oder die Hirtin vom Staat eine Entschädigung. Wir dürfen uns also einfach freuen, dass der Wolf wieder zu uns zurückkommt!

104 LEHRERIN RETTET SCHNEELEOPARD

Bayarjargal Agvaantseren

Einst streunten Tausende Schneeleoparden durch den Himalaya und die chinesische Hochebene. Nicht, dass man sie oft zu Gesicht bekam. Der Schneeleopard ist nämlich ein äußerst scheues Wesen. Bei der örtlichen Bevölkerung trug er deshalb den Beinamen: »Geist der Berge«.

Obwohl sie so gut im Verstecken waren, hatten die Schneeleoparden es nicht leicht. Hirten töteten sie, weil sie ihre Tiere anfielen. Bei Jägern waren sie wegen ihres prächtigen Fells sehr begehrt. Ihr Lebensraum schrumpfte immer weiter, weil immer mehr Straßen und Minen gebaut wurden. Der Schneeleopard drohte auszusterben. Doch man hatte die Rechnung ohne Bayarjargal Agvaantseren gemacht. Bayarjargal wohnte an einem abgelegenen Ort in der Mongolei, wo sie als Lehrerin an einer Schule arbeitete. Weil sie einige Fremdsprachen beherrschte, führte sie manchmal ausländische Besucher durch das Gebiet. Einmal arbeitete sie als Übersetzerin für ein Forscherteam, das eine Studie über Schneeleoparden durchführte. Danach war sie so fasziniert von den Tieren, dass sie kurzerhand beschloss, alles dafür zu tun, dass sie nicht ausstarben. Bayarjargal sorgte dafür, dass die Hirten für ihr Vieh stabile Umzäunungen bekamen. Außerdem wurde eine Versicherung eingerichtet, die ihnen eine Entschädigung zahlt, wenn ein Schneeleopard eines ihrer Tiere reißt. Aber das reichte noch nicht. Damit die Tiere ihren Lebensraum zurückerobern konnten, mussten die Minen verschwinden. Ab 2009 machte die Lehrerin Druck und forderte die Regierung auf, die Minen zu schließen, weil nur so der Lebensraum der Schneeleoparden wieder erweitert werden konnte. Und es gelang! Heute ist das Tost Tosonbumba Nature Reserve ein riesiger Naturpark mit einer Fläche von über 700 000 Hektar. Im Juni 2018 wurde die allerletzte Mine geschlossen.

Für ihren unermüdlichen Einsatz erhielt Bayarjargal den Goldman-Preis. Das ist eine Art grüner Nobelpreis für Aktivist*innen, die sich besonders für den Umweltschutz starkmachen. Er wird seit 1990 jedes Jahr an sechs Personen vergeben. Bayarjargal kündigte an, das Preisgeld zu nutzen, um den Kampf für das Überleben der Schneeleoparden weiterzuführen.

105 WAS WÄRE … WENN MAN DIE VERPACKUNG EINFACH MITESSEN KÖNNTE?

Am praktischsten wäre eine Verpackung nur aus natürlichen Inhaltsstoffen, die keinen Müll hinterlässt. An der Entwicklung solcher Verpackungen wird auf Hochtouren geforscht. Dabei müssen sie natürlich mindestens so lange halten wie die Nahrungsmittel, die sie schützen sollen. Man kann sie zum Beispiel aus Bienenwachs herstellen. Das ist fest, sehr dünn und vollständig abbaubar. Eine Bienenwachshülle kann man abpellen wie die Schale einer Mandarine. Manche Lebensmittel lassen sich auch gut in einer Hülle aus karamellisiertem Zucker mit einer zusätzlichen Wachsschicht verpacken. Die Verpackung wird wie ein Ei aufgebrochen. Der Zucker ist einfach wasserlöslich, und am Ende bleibt kein Abfall übrig.

KÖSTLICH

Und was hältst du von einer Verpackung, die sich mit kochendem Wasser verwandeln lässt? Das Essen im Innern wird zubereitet, gleichzeitig verformt sich die Hülle zu einer Schale, aus der man essen kann – und die vollständig biologisch abbaubar ist. Cool, oder?

Oder wie wär's mit einer Folie auf Milchbasis, die man einfach mitessen kann? Die Fertigsuppe kommt mitsamt Folie in die Tasse, und man muss nur kochendes Wasser beifügen. Die Verpackung löst sich vollständig auf und wird mitgetrunken. Essbare Folie soll in Zukunft Plastikfolie vollständig ersetzen können. Sie schützt die Nahrungsmittel sogar bis zu fünfhundertmal besser als normale Plastikfolie, indem sie kaum Sauerstoff durchlässt. Eine tolle Erfindung – bitte mehr davon!

106 SCHLAUE METHODEN ZUR ABKÜHLUNG DER STADT

Wenn die Temperaturen steigen, wird es vor allem in der Stadt richtig heiß. Das liegt an den vielen dunklen Flächen, die die Sonnenstrahlung nicht reflektieren, sondern aufnehmen und dann Wärme abgeben. Dazu kommen noch andere Wärmequellen wie der Verkehr und die Fabriken. Städte werden so zu Hitzeinseln.

Stadtentwickler*innen arbeiten deshalb an neuen Mitteln und Wegen, um unsere Städte abzukühlen. Natürlich kann man nicht einfach eine riesige Klimaanlage in die Fußgängerzone stellen. Die würde sowieso viel zu Energie verbrauchen. Zum Glück gibt es aber andere Lösungen.

Der schwarze Asphalt, der heute auf Straßen, Parkplätzen und Dächern liegt, nimmt viel Wärme auf. Indem man ihn mit einem reflektierenden Belag überzieht, der das Sonnenlicht zurückwirft, lassen sich die Temperaturen im Sommer ein Stück senken. Auf Gebäuden können wir Büsche und Bäume anpflanzen. Diese grünen Dachgärten speichern auch Wasser, was zusätzlich für Abkühlung sorgt. Das Regenwasser kann in speziellen Becken aufgefangen werden, wo es bei Erwärmung verdunstet. Schlaue Ingenieursköpfe forschen heute an Wegen, wie man Wasser auch in Gebäuden speichern kann. Zum Beispiel durch andere Materialien als Zement und Beton zum Einsatz kommen, aus denen das Wasser langsam verdunsten und so die ganze Stadt runterkühlen kann.

Weniger Autos, mehr Radwege und besserer Nahverkehr tragen auch dazu bei, die Stadt kühler zu machen. Bestimmt werden die meisten Städte in fünfzig Jahren ganz anders aussehen als heute.

schlaue Zukunftsstadt

107 RADELND DIE LUFT SÄUBERN

Wir alle wollen am liebsten saubere Luft einatmen. Aber das ist oft leichter gesagt als getan, wenn man in der Stadt wohnt. Durch Verkehr, Fabriken und andere Luftverschmutzer atmen wir viel Feinstoff ein. Dagegen hat der Niederländer Daan Roosegaarde einen riesigen Staubsauger entwickelt, der die schmutzige Luft einsaugt und saubere Luft ausbläst. Der Smog Free Tower (smogfreie Turm) ist etwa 7 Meter hoch und kommt mit sehr wenig Strom aus: Er verbraucht nicht mehr als ein Wasserkocher! In einer Stunde reinigt der Turm um die 30 000 Quadratmeter Luft, zum Beispiel in einem Park. Übrig bleibt ein schwarzes Pulver, das zu 42 % aus Kohlenstoff besteht. Das ist der Stoff, aus dem Diamanten sind. Zwar ist es noch nicht gelungen, echte Diamanten daraus herzustellen, aber Daan Roosegaarde presst das Pulver zu Würfeln, die zu Ringen und anderen Schmuckstücken verarbeitet werden. Mittlerweile wurden Smogtürme in verschiedenen Städten errichtet, darunter in Amsterdam und in Peking.

Roosegaarde geht sogar noch einen Schritt weiter. Zusammen mit einem chinesischen Unternehmen arbeitet er an der Entwicklung von Fahrrädern mit einem speziellen Apparat am Steuer. Das Smog Free Bicycle filtert die Luft auf die gleiche Art wie der Turm. Wenn ganz viele Radfahrer in der Stadt unterwegs sind, wird die Luft so von selbst ein bisschen reiner. Man muss natürlich erst bereit sein, überhaupt durch den Smog zu radeln …

Smog Free Bicycle

108 DIE LAMPE GEHT VON SELBST AN

Die Menschen machten wahrscheinlich Luftsprünge, als Mitte des neunzehnten Jahrhunderts die Glühbirne erfunden wurde. Endlich gab es eine einfache, saubere und schnelle Methode, einen Raum zu beleuchten. Doch Glühbirnen gaben nicht nur Licht ab. Eigentlich erzeugten sie vor allem Wärme, und die ging einfach ungenutzt verloren. Damit waren Glühbirnen also unheimliche Energiefresser. Mittlerweile dürfen sie deshalb in vielen Ländern nicht mehr verkauft werden. Als Ersatz dienen Energiesparlampen und seit einiger Zeit auch LED-Lampen. Die verbrauchen bis zu 80 % weniger Energie als die gute alte Glühbirne. Würde ganz Europa auf LED-Leuchtmittel umsteigen, würden wir den gesamten Stromverbrauch aller niederländischen und belgischen Familien einsparen.

Ingenieur*innen suchen weiter nach noch energiesparenderen Lösungen. Heute gibt es bereits LED-Leuchten, die mit speziellen Sensoren ausgerüstet sind, die auf Bewegung in der Umgebung reagieren. Diese Lampen können zum Beispiel in der Straßenbeleuchtung zum Einsatz kommen. Wenn sich nichts bewegt, geben sie weniger oder gar kein Licht ab. Sobald sie Bewegung wahrnehmen, strahlen sie heller. Das senkt nicht nur den Stromverbrauch, sondern auch die Lichtverschmutzung.

Mancherorts werden rote LED-Lampen als Straßenbeleuchtung eingesetzt. Für den Verkehr sind sie genauso sicher wie herkömmliches Licht, aber oft tierfreundlicher, denn das rote Licht stört die Nachttiere weniger. Vor allem langsam fliegende Fledermäuse fühlen sich damit wohler. Im normalen Straßenlicht sind sie für Raubvögel leichte Beute. Bei rotem Licht ist das weniger der Fall. Vielleicht etwas gewöhnungsbedürftig, so eine rot beleuchtete Straße, aber eigentlich auch schön. Und die Fledermäuse bedanken sich!

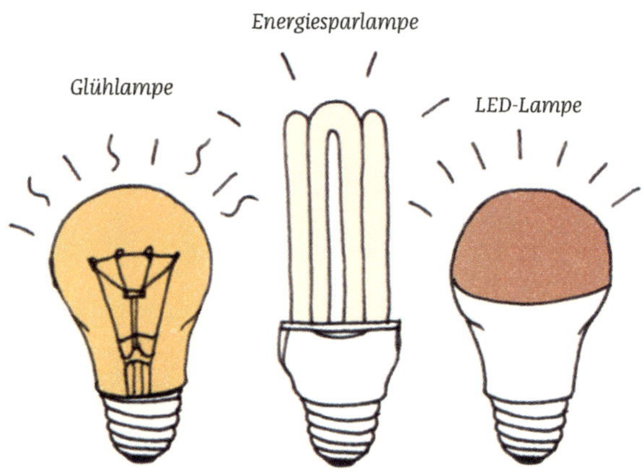

109 MUSCHELN ALS NATÜRLICHE FILTERINSTALLATION

Muscheln nehmen Nahrung auf, indem sie Wasser filtern. Hauptsächlich besteht ihre Nahrung aus Algen. Aber natürlich finden sich auch andere Stoffe wie Abfall, Plastik und Giftstoffe im Wasser.

Derzeit wird daran geforscht, ob bestimmte Muschelarten beim Filtern von Wasser im großen Stil helfen können. Süßwassermuscheln zum Beispiel können eingesetzt werden, um Blaualgen aus dem Wasser zu ziehen. Dabei handelt es sich um Bakterien, die ein Gift enthalten, das für Menschen und andere Tiere gefährlich ist. Indem die Muscheln es fressen, halten sie das Wasser klar und sauber.

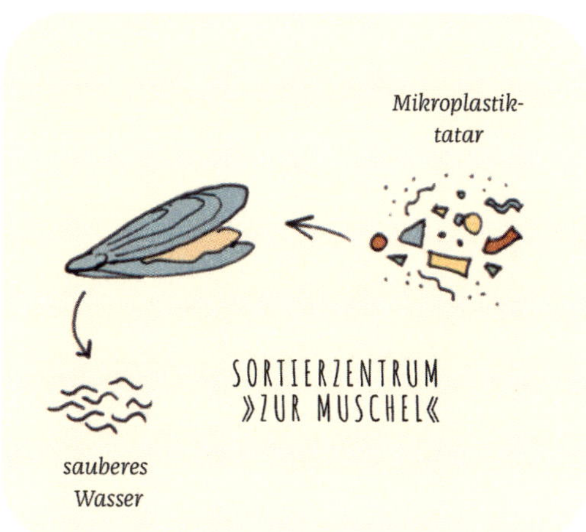

Es kann sogar sein, dass Wandermuscheln noch mehr aus dem Wasser filtern können. Derzeit wird in Versuchen geprüft, ob sie dem Wasser auch Mikroplastik entziehen können. Und andernorts wird erforscht, ob Schalentiere auch bei der Abwasserreinigung zum Einsatz kommen können. Anstatt Abwasserfilter mit hohem Energieverbrauch einzusetzen, lässt man einfach die Muscheln die Arbeit verrichten – umsonst und gratis!

Für die Muscheln selbst allerdings ist das natürlich nicht so schön, denn sie werden dabei langsam aber sicher vergiftet und sterben letztendlich daran. Darum ist es immer noch viel besser, weniger Gift- und andere Schadstoffe in der Umwelt zu verbreiten. Dann brauchen die armen Muscheln auch nicht mit dem Leben dafür zu bezahlen.

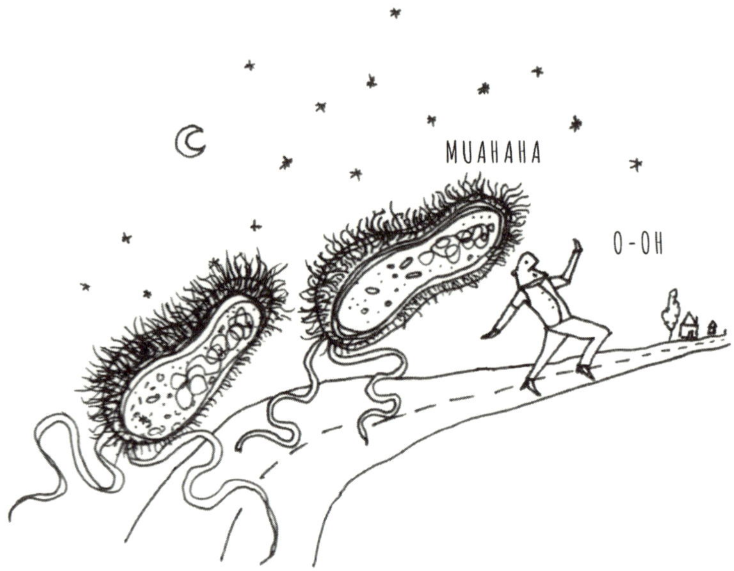

Nachts leuchten Bakterien uns den Weg.

110 WIE VIELE BAKTERIEN BRAUCHT MAN, UM EINE GLÜHBIRNE ZU ERSETZEN?

Nein, das wird kein Witz. Bakterien können wirklich Lampen leuchten lassen. Die junge französische Wissenschaftlerin Sandra Rey forscht schon seit Jahren daran. Als Kind hatte sie eine Reportage über leuchtende Quallen gesehen, und seitdem ließ sie das Thema nicht mehr los. Kaum hatte sie ihr Diplom in der Tasche, begann sie zu experimentieren. Sie wollte die Stoffe erforschen, die für Biolumineszenz in Tieren verantwortlich sind. Diese Stoffe lassen Quallen, aber auch Fische und sogar ein paar Landtiere im Dunkeln leuchten. Sie entnahm die Stoffe aus dem Erbmaterial (der DNA) der Tiere und verpflanzte sie in die DNA unschädlicher Bakterien. Diese Bakterien setzte sie in eine große, mit Wasser gefüllte Schale und gab ihnen Zucker als Nahrung. Sie vermehrten sich rasend schnell, und am nächsten Tag leuchtete die ganze Schale.

Wir haben das Ganze hier sehr simpel erklärt – in Wirklichkeit ist die Sache natürlich ein bisschen komplizierter. Doch Sandra Rey ist überzeugt, dass eines Tages ein Teil unserer Leuchtmittel durch lichtgebende Bakterien ersetzt werden kann. Ihr hellgrünes Leuchten stört auch die Nachttiere nicht, außerdem können sie jede Form annehmen. Die Erfindung ist noch lange nicht ausgereift, die Bakterien sterben schnell, sobald sie keine Nahrung mehr bekommen, und das Licht, das sie erzeugen, ist noch zu schwach. Aber es ist eine vielversprechende Erfindung. Wir sind jedenfalls gespannt, ob bald Leuchtbakterien unsere Straßen übernehmen.

111 RADELN DURCH DIE STERNENNACHT

Vielleicht hast du schon einmal von Vincent van Gogh gehört, dem berühmten niederländischen Maler. 2015 wurden zu seinem 125-jährigen Todestag verschiedene Feierlichkeiten abgehalten, und der Künstler Daan Roosegaarde hatte eine fantastische Idee, um van Gogh zu ehren und gleichzeitig eine neuartige Straßenbeleuchtung zu präsentieren: eine Kombination aus Kunst und moderner, energiesparender Technologie. Der Künstler pflasterte einen 600 Meter langen Fahrradweg mit speziell beschichteten Lichtsteinchen. Dafür ließ er sich von van Goghs berühmtem Gemälde *Sternennacht* inspirieren. Wenn man nachts über den Radweg fährt, kommt es einem so vor, als würde man durch einen wunderschönen Sternenhimmel radeln.

Die Steinchen im Pflaster werden tagsüber von der Sonne aufgeladen. Nachts geben sie das Licht wieder ab. Das Ganze ist eine sehr energiesparende, sichere und unwahrscheinlich schöne Alternative zu herkömmlicher Straßenbeleuchtung. Inzwischen gibt es immer mehr dieser leuchtenden Radwege in den Niederlanden. Vor allem an Orten, wo keine oder nur wenige Straßenlaternen stehen, sind sie sehr nützlich.

Auch auf Autobahnen kommt die Technik inzwischen zum Einsatz. Die Straße wird mit Streifen mit einer speziellen Farbbeschichtung versehen, die sich tagsüber aufladen und nachts Licht abgeben. Und weil Daan Roosegaarde ja Künstler ist, sieht das alles auch noch richtig schön aus.

Übrigens:

Daan Roosegaarde erzählt, dass er es oft nicht leicht hat, Politiker*innen und Führungskräfte von Unternehmen von einer neuen Idee zu überzeugen. Oft antworten sie: »Ja, aber ...« und suchen nach Gründen, warum irgendwas nicht geht. Darum entwickelte er einen speziellen: »Ja, aber«-Stuhl – wer auf dem Stuhl sitzt und »Ja, aber« sagt, bekommt von unten einen kleinen Stromstoß. Da denkt man doch lieber zweimal nach, bevor man Roosegaarde eine Abfuhr erteilt ...

Sternennacht

112 ATOMKRAFTWERKE STOSSEN KEINE TREIBHAUSGASE AUS (ABER SORGEN FÜR ANDERE PROBLEME)

Alles um uns herum besteht aus Atomen. Atome werden durch einen Kern zusammengehalten. Wenn man den spaltet, wird Energie freigesetzt: Kernenergie. Die Spaltstoffe, die wir gebrauchen, um Kernenergie zu erzeugen, sind Uran und Plutonium. Brennstäbe (meist mit Uran) werden in einen großen, mit Wasser gefüllten Stahlbehälter gelegt. Dann werden sie mit Neutronen beschossen, wodurch die Uranatome gespalten werden. Es entsteht eine Kettenreaktion, bei der viele Kerne gespalten werden und eine riesige Menge an Energie freigesetzt wird. Die erwärmt das Wasser in einem großen Kessel. Der Dampf daraus treibt eine Turbine an, die die Energie an das Stromnetz weitergibt.

An sich ist Kernenergie eigentlich eine saubere Energieform, denn dabei werden keine fossilen Brennstoffe verbraucht, wodurch auch keine Treibhausgase ausgestoßen werden. Kernkraftwerke können darüber hinaus dauerhaft Energie produzieren und sind im Allgemeinen sehr zuverlässig.

Leider hat die Kernenergie aber auch ein paar große Nachteile. Der Abfall, der bei der Kernspaltung produziert wird, ist radioaktiv und bleibt es über Zehntausende von Jahren. Er muss an einem sicheren Ort gelagert werden, und das ist nicht einfach. Bei einer Naturkatastrophe - wie dem Tsunami in Fukushima - kann das Atomkraftwerk Schaden nehmen und Radioaktivität freigesetzt werden. Für die Menschen in der näheren Umgebung und sogar weit darüber hinaus kann das schlimme Folgen haben. Sie werden radioaktiv verseucht und können schwer krank werden oder sogar sterben. Außerdem ist der Bau eines Atomkraftwerks sehr teuer und langwierig. Und schließlich wird beim Uranabbau und beim Bau neuer Atomkraftwerke auch eine Menge CO_2 freigesetzt.

Es gibt Befürworter*innen und Gegner*innen der Atomenergie. Bevor neue Atomkraftwerke gebaut werden, muss man sich also gut überlegen, ob es keine besseren Wege der Stromerzeugung gibt.

113 TANZEN ... UND DABEI STROM ERZEUGEN

Die Studierenden der Technischen Universität Eindhoven und der Technischen Universität Delft in den Niederlanden sind offenbar begeisterte Tänzer. Zumindest haben sie eine Tanzfläche entworfen, auf der man tanzend Strom erzeugen kann. Unter der Tanzfläche befinden sich Dynamos. Die fangen die Stöße der Tanzschritte auf und wandeln sie in Elektrizität um. Ein Abend tanzen kann so ein Drittel des Stroms erzeugen, der für eine Party benötigt wird. Je wilder der Tanz, desto mehr Elektrizität!

Natürlich eignen sich solche stromerzeugenden Böden nicht nur für Tanzflächen. Warum nicht Schulhöfe damit ausstatten und in den Pausen so den Strom erzeugen, der später im Klassenzimmer benötigt wird? Oder die Tribünen eines Fußballstadions? Tausende springende Fans sollten wohl ausreichen, um die großen Scheinwerfer zum Leuchten zu bringen. Oder vielleicht einen Fuß- oder Fahrradweg, der aufleuchtet, wenn man darüber läuft oder radelt? Wir jedenfalls schlüpfen jetzt erst mal in unsere Tanzschuhe!

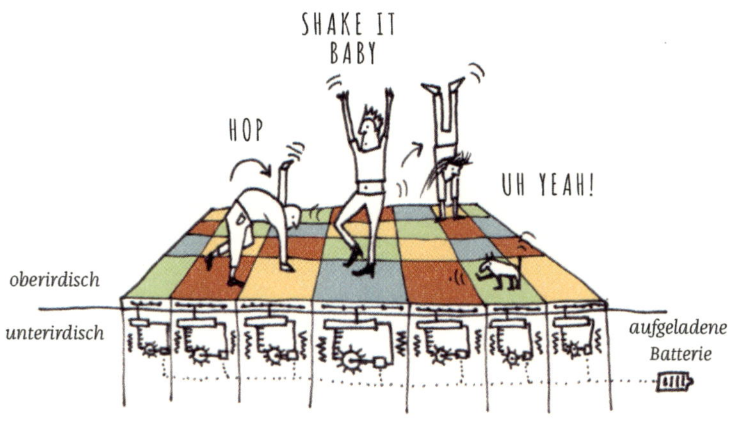

Tanzen fürs Klima

Sonnenenergie

114 DIE SONNE IST EINE GIGANTISCHE ENERGIEKUGEL

Die Sonne ist ein glühender Ball mit einer Oberflächentemperatur von gut 6000 °C. So eine Hitze können wir uns kaum vorstellen. Doch im Innern ist sie sogar 15 000 000 (!) °C heiß. Würde ein Stück Eisen der Sonne auch nur etwas zu nah kommen, würde es auf der Stelle zerschmelzen. Die Sonne besteht aus einer Art Plasma, dessen Teilchen ständig gegeneinanderstoßen. Im Prinzip funktioniert sie wie ein großer Kernreaktor. Dabei wird Energie freigesetzt, die als Licht und Wärme abgegeben wird. Genug, um damit die Erde zu beleuchten und erwärmen – obwohl die Sonne 149 598 000 Kilometer weit weg ist.

In einer einzigen Stunde schickt die Sonne genug Energie in Richtung Erde, wie alle Menschen zusammen in einem ganzen Jahr verbrauchen. Kein Wunder also, dass Wissenschaftler*innen versuchen, diese Energie irgendwie einzufangen. Dafür gibt es verschiedene Möglichkeiten.

Mit Solarmodulen lässt sich das Sonnenlicht in Elektrizität umwandeln. Die Module bestehen aus Solarzellen. Diese wiederum bestehen aus zwei Schichten Silizium, einem Stoff, der aus Sand gewonnen wird. Wenn Licht auf eine Solarzelle fällt, fließt zwischen den Schichten Strom. Etwa ein Fünftel des einfallenden Sonnenlichts wird in Elektrizität umgewandelt.

Sonnenkollektoren wandeln Sonnenlicht in Wärme um. In Metallröhren oder -platten wird Wasser von der Sonne erhitzt. Man kann es zum Duschen, Baden oder Heizen nutzen.

Sonnenenergie ist eine saubere Energieform, die überall genutzt werden kann. Nur leider scheint die Sonne mal zu wenig und mal zu viel. Der Energieüberschuss kann zwar in Batterien gespeichert werden, aber damit sind längst nicht alle Häuser ausgerüstet. Trotzdem könnten wir es mit Sonnenenergie richtig weit bringen. Expert*innen haben errechnet, dass wir nur 1 % der Saharawüste mit Solarmodulen bedecken müssten, um genug Strom für die ganze Welt zu erzeugen …

115 WINDMÜHLEN GIBT ES SCHON LANGE

Vor langer Zeit kam jemand auf die Idee, dass der Wind eine ganze Menge Energie erzeugen kann. Vielleicht lief er ja gerade durch einen schweren Sturm und musste sich anstrengen, um nicht umgeweht zu werden. Und als schlauer Kopf erkannte er, dass man daraus einen Vorteil schlagen könnte. Er baute eine Windmühle, deren Flügel vom Wind angetrieben wurden. Damit wurde zum Beispiel ein Mühlstein in Bewegung gesetzt, der das Getreide zu Mehl mahlte.

der Windmühlenmann

Die Windkraftanlagen von heute haben kaum noch Ähnlichkeit mit den alten Windmühlen. Sie dienen auch nicht zum Mahlen von Getreide, sondern zur Stromerzeugung. Im Wind drehen sich die Flügel des Windrads. Ein Generator im Innern wandelt die so erzeugte Energie in Elektrizität um. Durch dicke Kabel fließt der Strom an eine Art Zentrale, von wo er an Haushalte und Unternehmen verteilt wird. Häufig stehen die Windräder in Gruppen zusammen, die man Windparks nennt. Oft werden solche Windparks im Meer errichtet.

Durch Windkraft werden keine Treibhausgase ausgestoßen. Außerdem können Windkraftanlagen sehr schnell errichtet werden. Leider haben sie aber auch ein paar Nachteile. Da es nicht immer Wind gibt, kann man sich nicht hundertprozentig auf die Windkraft verlassen. Außerdem sind die Anlagen nicht immer tierfreundlich. Fledermäuse und Vögel, aber auch Insekten werden durch sie gestört. In Deutschland sollen jährlich 1,2 Tonnen Insekten durch die Windkraftanlagen getötet werden, darunter geschätzte 2,4 Milliarden Nachtfalter. Wenn Windräder im Meer aufgestellt werden, stören sie die Fische offenbar nicht. An Land verursachen sie auch Lärm und werfen lange Schatten, und manche Menschen haben sie darum nicht so gern neben ihrem Garten stehen.

Ein modernes Windrad kann etwa 2000 Familien mit Strom versorgen. Wenn wir erst lernen, wie wir überschüssige Energie am besten speichern, ist die Windkraft auf jeden Fall eine nachhaltige Energieform mit Zukunft.

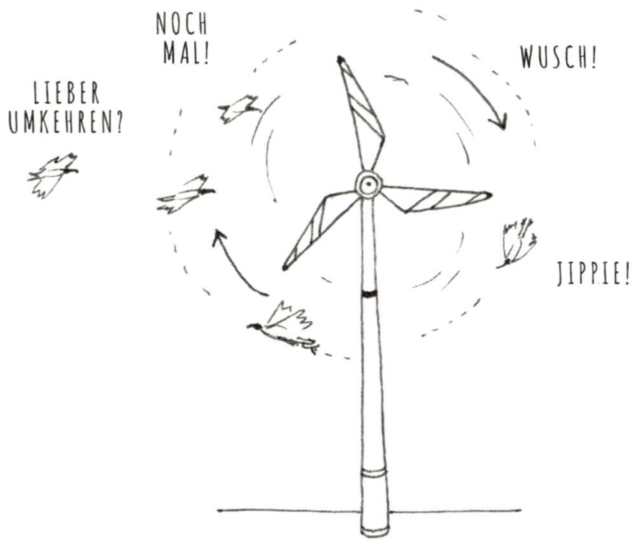

vogelfreundliches Windrad?

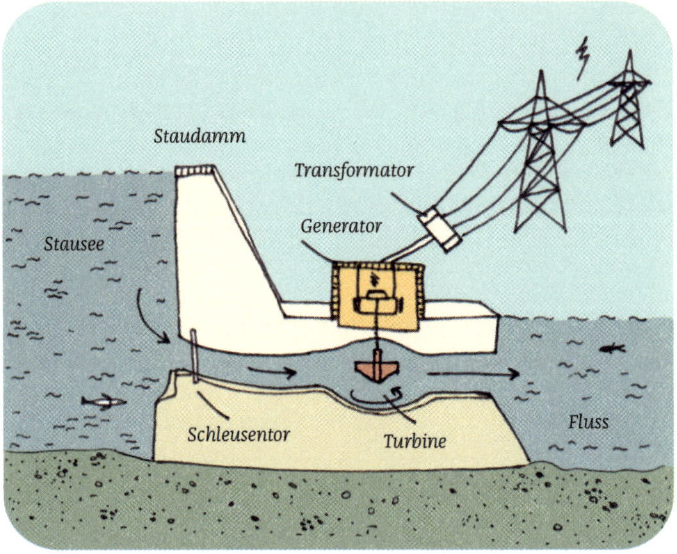

Wasserkraft

116 DIE KRAFT DES WASSERS

Hast du schon mal einen richtig großen Wasserfall gesehen? Dann weißt du ja, mit welcher Kraft da die Wassermassen hinabstürzen. In einem Wasserfall wird also eine Menge Energie freigesetzt. Und diese Energie können wir uns zunutze machen. Je kraftvoller das Wasser in die Tiefe stürzt, desto mehr Elektrizität lässt sich daraus gewinnen. Länder mit vielen Bergen und viel Wasser können dann Wasserkraftwerke bauen. Die Norweger zum Beispiel erzeugen 96 % ihres Stroms aus Wasserkraft.

Zum Bauen eines Wasserkraftwerks braucht es einen Staudamm, der das Wasser zurückhält. Dahinter entsteht ein Stausee. Das Wasser strömt mit enormer Kraft durch Öffnungen im Staudamm, wo Turbinen die freigesetzte Energie in elektrischen Strom umwandeln. Wasserkraft ist eine saubere Energieform, die keine Treibhausgase verursacht. Die in einem Stausee gespeicherte Energie steht außerdem ständig zur Verfügung. Doch so Stauseen haben auch Nachteile. Sie machen Fischen und anderen Wassertieren das Leben etwas schwerer. Dämme und Stauseen stellen nämlich das ganze Ökosystem auf den Kopf. Für das Anlegen von Dämmen und Stauseen müssen außerdem häufig Menschen umsiedeln. Für den Bau der Drei-Schluchten-Talsperre in China waren über eine Million Menschen gezwungen, sich ein neues Zuhause zu suchen. In Ländern mit geringen Höhenunterschieden wie etwa den Niederlanden und Belgien ist Wasserkraft eine weniger bedeutsame Energiequelle, auch wenn es in beiden Ländern durchaus auch Wasserkraftwerke gibt.

Heute wird auch nach Wegen gesucht, wie man Energie aus dem Meer nutzbar machen kann. Die Gezeiten und Strömungen, aber auch Unterschiede im Salzgehalt und in der Temperatur spielen dabei eine Rolle.

117 WÄRME AUS DEM BAUCH DER ERDE

Jeden Tag erwärmt die Sonne die Erde. Im Erdboden selbst und im Grundwasser wird einiges von dieser Wärme gespeichert. Die können wir nutzen, um zum Beispiel Gebäude zu beheizen. Dazu wird sie mithilfe einer Wärmepumpe aus bis zu 100 Metern Tiefe aus dem Boden geholt. Das funktioniert sowohl für ein einzelnes Haus als auch für ganze Straßen.

Tief im Innern der Erde ist es unwahrscheinlich heiß: 6000 °C! Auch diese Wärme können wir nutzen. Das nennt man Erdwärme oder Geothermie. Um die Erdwärme nach oben zu befördern, muss man mindestens 500 Meter tief bohren. Auf Island zum Beispiel wird mit Erdwärme der größte Teil aller Häuser beheizt. Das ist möglich, weil Island eine vulkanische Insel ist. Hier sitzt die Erdwärme näher an der Oberfläche. Warmes Wasser wird nach oben gepumpt, und das abgekühlte Wasser fließt wieder in den Grund.

Erdwärme ist eine saubere Energieform, bei der keine Treibhausgase ausgestoßen werden. Leider ist der Bau von Wärmenetzen sehr kostspielig.

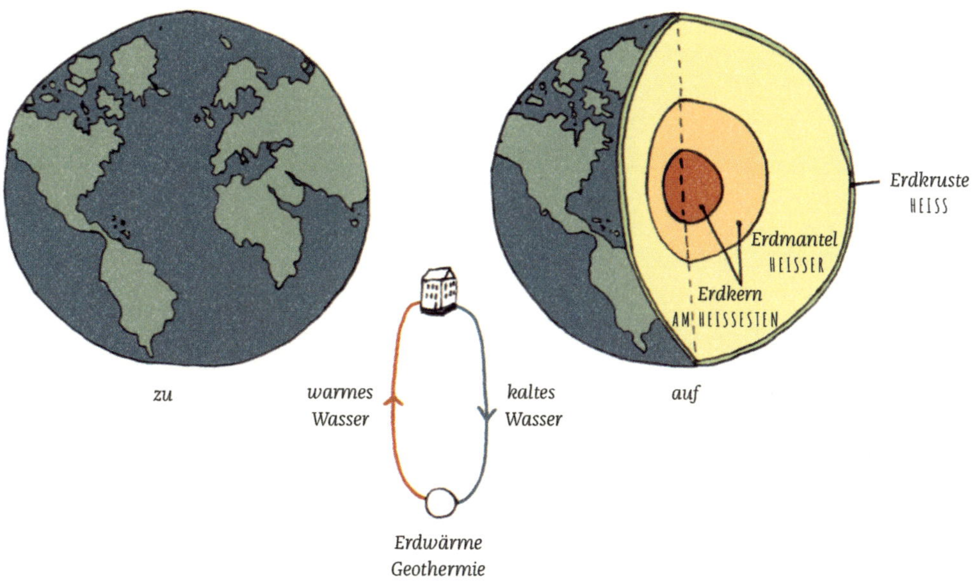

118 EIN AUTO, DAS MIT ZUCKERROHRSAFT FÄHRT

Bestimmt hast du schon mal ein Elektroauto gesehen. Um es aufzuladen, steckt man einfach den Stecker in die Ladesäule. Beim Fahren verursachen Elektroautos keine Treibhausgase. Bei der Herstellung eines solchen Fahrzeugs stößt die Fabrik natürlich weiterhin CO_2 aus. Außerdem muss man sicherstellen, dass auch die Energie aus der Ladesäule aus sauberen und nachhaltigen Quellen stammt.

Elektroautos werden zwar immer besser, aber es wird auch nach anderen Lösungen geforscht, wie zum Beispiel Autos, die nur mit Wasserstoff fahren. Aus dem Auspuff dieser Fahrzeuge kommt dann zwar nur Wasserdampf, doch um Wasserstoff zu erzeugen, braucht man wieder Energie. Die muss dann natürlich auch nachhaltig sein. Außerdem braucht es einen großen Tank und speziell ausgerüstete Tankstellen, und das macht das Ganze etwas unpraktisch.

Wie wäre es also mit einem pflanzlichen Kraftstoff? Gibt es längst! In Brasilien wird Kraftstoff aus Zuckerrohr hergestellt. Dazu werden die Stängel ausgepresst und der Saft gären gelassen. So entsteht Ethanol, ein Stoff, mit dem Autos fahren können. Leider wird dabei wieder CO_2 freigesetzt, das jedoch durch das Anpflanzen von neuem Zuckerrohr wieder aus der Luft gezogen werden kann. Ein Wundermittel ist es allerdings nicht. Zuckerrohrplantagen brauchen nämlich viel Platz, und das geht wieder auf Kosten des Regenwaldes. Jetzt alle Autos auf Zuckerrohr umzustellen ist also leider nicht die Lösung.

Lightyear One,
schneller als das Licht

119 RASEN MIT SONNENENERGIE

1987 fand in Australien die erste World Solar Challenge statt: ein Rennen für Solarautos quer durch 3000 Kilometer Wüste. Ziel der Rennen ist es, die Forschung und Entwicklung im Bereich Solarfahrzeuge zu fördern und öffentlich bekannt zu machen.

Solarautos? Jep! Autos, die nur mit Sonnenenergie fahren. Sie sind aus sehr leichten Materialien gebaut und sehen ziemlich cool aus (oder sollten wir lieber *hot* sagen?). Dank ihrer ausgeprägten Stromlinienform bleibt der Luftwiderstand gering. Der Motor ist sehr sparsam, und im Akku kann viel Energie gespeichert werden. Besonders Wagen aus den Niederlanden schneiden in diesen Rennen immer wieder sehr gut ab.

Du willst auch so ein Solarauto? Demnächst soll es den Lightyear One zu kaufen geben. Er lädt sich selbst mit Sonnenstrahlung auf und benötigt daher keinen Brennstoff und keinen Strom. Die Solarzellen befinden sich auf dem Dach. Allerdings muss man dafür ziemlich viel Geld hinblättern: Die ersten Solarautos sollen 119 000 Euro kosten. Aber man bekommt ja auch was für sein Geld! Mit dem Lightyear One kann man nämlich nicht nur fahren, sondern auch andere Geräte zu Hause aufladen. Tolle Erfindung!

120 DIE GANZ SCHWEREN GESCHÜTZE

Klimaexpert*innen wissen, dass wir der Erderwärmung schnell entgegenwirken müssen. Vor allem der Verbrauch fossiler Brennstoffe wie Steinkohle, Öl und Gas muss möglichst schnell aufhören. Außerdem brauchen wir mehr Wälder, und die Ozeane müssen gesund werden, damit mehr Kohlendioxid aufgenommen wird. Doch was, wenn all diese Maßnahmen nicht ausreichen? Oder wenn es nicht schnell genug geht? Auch darüber denken die Wissenschaftler*innen nach. Dann helfen nur noch die ganz großen Geschütze: Die Rede ist von Klima- oder Geo-Engineering. Dabei kommen verschiedene Technologien zum Einsatz, die das natürliche System verändern sollen. Zum Beispiel wird versucht, Sonnenwärme zurückzuhalten oder Kohlendioxid einzulagern. Ein Weltraumschild könnte das Sonnenlicht abhalten, Spiegel in der Wüste könnten es zurückwerfen, man könnte große Wolken erzeugen, die ebenfalls das Sonnenlicht reflektieren, man könnte Ozeane düngen, um das Wachstum von Plankton zu fördern, das CO_2 aufnehmen würde, und so weiter.

Der große Reflektor muss ran!

Es wird auch nach Möglichkeiten geforscht, um Kohlendioxid aufzufangen, bevor es in die Atmosphäre gelangen kann. Speichern könnte man es etwa in Salzbergwerken oder tief im Ozean.

Das Problem bei all diesen technologischen Eingriffen ist, dass sie große Auswirkungen auf die Umwelt und die verschiedenen Ökosysteme der Erde haben können. Es kann sogar passieren, dass sie einige Probleme verstärken, anstatt sie zu lösen. Wir sollten also alle hoffen, dass sie nicht zum Einsatz kommen müssen.

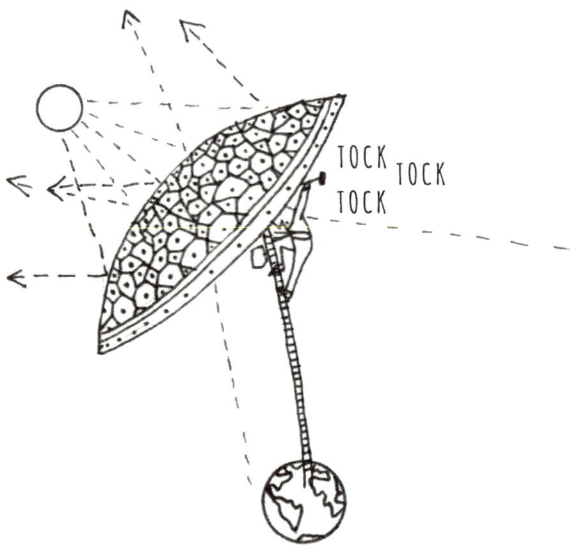

Weltraumschild: fast fertig

121 WAS DU TUN KANNST

Die meisten Menschen sorgen sich zwar um die Umwelt und das Klima, wollen sich dafür aber nicht allzu sehr verbiegen müssen, weil Veränderungen oft mühsam sind. »Was ich tue, ist nur ein Tropfen auf den heißen Stein«, sagen sie dann. Damit meinen sie, dass das Handeln einer einzelnen Person wenig ausmacht. Aber das ist gar nicht wahr. Viele Tropfen zusammen können einen heißen Stein ganz schön abkühlen. Darum wollen wir dir ein paar Tipps zu einem klima- und umweltbewussten Leben geben, die du jeden Tag umsetzen kannst:

- Produziere so wenig Müll wie möglich. Wirf niemals Papier, Plastik oder andere Abfälle einfach auf die Straße, sondern immer in einen Mülleimer. Das Wegwerfen und Liegenlassen von Abfall ist für die schreckliche Plastiksuppe in den Meeren und Ozeanen verantwortlich.

- Trenne deinen Müll so gut wie möglich, sowohl zu Hause als auch unterwegs. Glas, Papier, Plastik, Bioabfälle und so weiter werden alle getrennt gesammelt und verarbeitet.

- Trink Leitungswasser. Das Wasser, das bei uns aus dem Hahn kommt, ist genauso lecker und gesund wie Wasser aus der Flasche. Außerdem ist es zweihundert- bis vierhundertmal günstiger. Warum solltest du je wieder eine Flasche kaufen?

- Nimm dir dein Essen in einer Lunchbox in die Schule mit. Dein Pausenbrot schmeckt dann gleich doppelt so gut. Und eine wiederverwendbare Trinkflasche hast du natürlich schon.

- Du brauchst nicht täglich zu duschen. Vor allem im Winter ist das nicht nötig. Für die Haut ist es sowieso besser, nicht jeden Tag so viel Wasser abzubekommen.

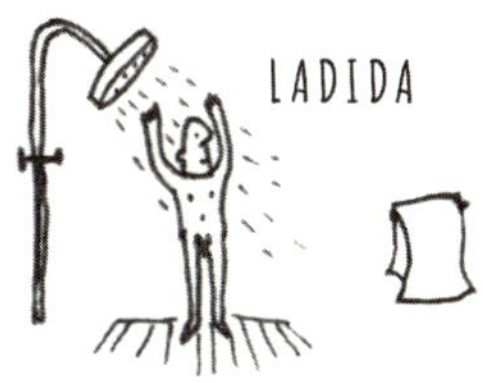

- Versuche, nicht länger als fünf Minuten zu duschen. Bitte vielleicht deine Eltern, einen Küchenwecker zu stellen. Denk dran, das Shampoo rechtzeitig auszuspülen, damit du auch fertig bist, wenn der Wecker klingelt! (Extratipp: Wenn es nach uns geht, darfst du auch in der Dusche pinkeln – dann musst du einmal weniger die Toilette spülen. Auch der kleinste Beitrag zählt!)

- Dreh beim Zähneputzen den Wasserhahn zu. Oder putz dir gleich beim Duschen die Zähne!

trocken putzen

122 WAS DU SONST NOCH TUN KANNST

- Hast du ein Smartphone? Einen Laptop? Ein Tablet? Zieh den Stecker aus der Steckdose, wenn das Gerät geladen ist. Ansonsten zieht es nutzlose Energie, was die Lebensdauer der Batterie verringert.

- Schalte das Licht aus, wenn du als Letzter aus dem Raum gehst. Schalte Radio, Fernseher, Computer, Laptop und Tablet aus, wenn du sie nicht mehr benutzt.

- Benutze Schreib- und Zeichenpapier von beiden Seiten. Auch leere Umschläge, einseitig bedrucktes Papier und so weiter kannst du weiterverwenden. Versuche auch, so wenig wie möglich auszudrucken.

- Sei sparsam mit dem Klopapier. Bist du eher ein Falter oder ein Knüller? Falter – die die einzelnen Blätter ordentlich falten – verbrauchen weniger Papier als die Knüller.

- Versuche, mit weniger Dingen auszukommen. Die neuesten Klamotten, das neueste Spielzeug, die neueste Technik – brauchst du das alles wirklich? Vielleicht kannst du dir nächstes Mal zum Geburtstag oder zu Weihnachten wünschen, etwas zu unternehmen, anstatt etwas zu kaufen.

- Kleidung und andere Dinge kann man gut im Secondhand- oder Gebrauchtwarenladen kaufen. Da gibt es viel mehr, als man denkt! Die alte Kommode kannst du ja in deiner Lieblingsfarbe streichen!

- Hast du schon mal von einem Repair-Café gehört? Dort kann man kaputte Sachen von Fachleuten reparieren lassen oder gezeigt bekommen, wie man sie selbst repariert. Das ist sehr praktisch, wenn dir in Zukunft mal wieder was kaputtgeht!

123 WAS DU ZUSAMMEN MIT DEINEN ELTERN TUN KANNST

Manche Dinge sind schwieriger zu ändern, und es ist klar, dass deine Eltern noch vieles für dich entscheiden. Aber vielleicht wollen sie ja gemeinsam mit dir auch ein paar Dinge angehen.

- Erledigt so viel wie möglich zu Fuß, mit dem Fahrrad oder mit Bus und Bahn: All diese umweltfreundlichen Verkehrsmittel zusammen bilden den sogenannten Umweltverbund – man könnte es auch das FuFaBuBa-Prinzip nennen! Vielleicht kannst du nicht jeden Tag zur Schule gehen oder radeln, aber vielleicht klappt es ja einmal pro Woche. Oder du könntest mit Kindern aus der Nachbarschaft eine Fahrradgruppe bilden, dann muss jedes Mal nur ein Erwachsener euch begleiten. Die öffentlichen Verkehrsmittel stoßen zwar meist auch CO_2 aus, aber pro Kopf im Schnitt viel weniger als ein Auto. Bitte doch deine Eltern, dich, wann immer es geht, ohne Auto ans Ziel zu bringen und wieder abzuholen.

- Gibt es bei euch täglich Fleisch? Vielleicht kannst du ja deine Eltern davon überzeugen, mindestens einen Veggietag pro Woche einzulegen. Im Internet und auch in der Bibliothek kannst du tolle Veggie-Rezepte finden. Deine Eltern finden es bestimmt großartig, wenn du plötzlich auch mal Lust auf Grünzeug hast!

- Schlag am besten vor, die Heizung zu Hause ein Grad runterzustellen. Wahrscheinlich merkst du es gar nicht, und mit einem Extra-Pulli erst recht nicht. Abends können sich alle gemütlich unter eine Decke kuscheln.

- Gebrauche so wenig Einwegplastik wie möglich. Damit sind alle Verpackungen gemeint, die man sofort wegwirft, nachdem man ein Produkt aufmacht. Dazu gehören viele Getränkeflaschen aus Plastik, aber auch allerlei vorverpackte Lebensmittel im Supermarkt. Gehst du manchmal mit einkaufen? Dann schlag doch vor, dass ihr die losen Äpfel kauft anstatt die vorverpackten – du kannst sie in einem wiederverwendbaren Stoffbeutel oder einem Papierbeutel einpacken. Für Paprika, Zucchini, Auberginen und viele andere Gemüse braucht man keinen Extra-Beutel. Die kannst du einfach so mitnehmen.

Tipp:
Lies deiner Familie ab und zu aus diesem Buch vor. Das hilft bestimmt.

Die Originalausgabe erschien 2019 unter dem Titel
123 Superslimme Dingen die je moet weten over het klimaat
bei Lannoo.

Für dieses Buch haben wir die verschiedensten Quellen zu Rate gezogen. Wir haben Fachbücher gewälzt, nationale und internationale Zeitungen und Magazine durchforstet, Webseiten von verschiedenen Umwelt- und Klimaorganisationen besucht und Dokus angeschaut.

Aus den folgenden Büchern haben wir viel gelernt:

- Sara L. Latta. Onderzoek onze aarde. Klimaat in beweging. Corona, 2017 [Original: *All About Earth: Exploring the Planet with Science Projects*];
- Jill Peeters, Luc Goeteyn, Chris Jacobson. 40 ° in de schaduw. Lannoo Campus, 2014 [~ *40 °C im Schatten*];
- Vaclav Smil. Harvesting the Biosphere. Mit Press Ltd, 2015 [~ *Die Ausbeutung der Biosphäre*];
- Marc ter Horst. Palmen op de Noordpool. Het grote verhaal van de klimaatverandering. Gottmer, 2018 [~ *Palmen am Nordpol. Die große Geschichte vom Klimawandel*]

Die Zeitschriften *Geo* und *Geolino* bringen sowohl in ihren gedruckten Ausgaben als auch im Internet regelmäßig interessante Artikel zu den Themen Umwelt und Klima.

Wenn du die Gelegenheit hast, sieh dir unbedingt die fantastische Serie *Our Planet* von Sir David Attenborough an. Auch die Dokufilme *Before the Flood* von Leonardo di Caprio und *A Plastic Ocean* des Journalisten Craig Leeson sind absolut sehenswert. Natürlich ist auch das Internet eine unerschöpfliche Informationsquelle. Auf den Webseiten verschiedener Organisationen findet man zahlreiche Informationen zu Klima und Umwelt. Wir empfehlen:
oekoleo.de; climate-challenge.de; climatekids.nasa.gov (Englisch); klimafakten.de; fussabdruck.de; wwf.de/klimakrise; greenpeace.de; eea.europa.eu/de (Link zur Europäischen Umweltagentur)

Wir haben uns bemüht, alle Informationen in diesem Buch zu überprüfen. Natürlich verändert sich der Wissensstand durch neue Forschungsergebnisse und wird ständig erweitert. Dementsprechend bilden die Informationen in diesem Buch eine Momentaufnahme ab und gelten so lange, bis sie durch neue Erkenntnisse widerlegt werden.

Alle superschlauen Bände auf einen Blick:
321 superschlaue Dinge, die du unbedingt wissen musst
321 superschlaue Dinge, die du über Tiere wissen musst
123 superschlaue Dinge, die du über das Klima wissen musst

Dieses Buch wurde mit Unterstützung der Flanders Literature herausgegeben (flandersliterature.be).

FLANDERS LITERATURE

1. Auflage 2020

ISBN 978-3-446-26810-4

Umschlag: nach einem Entwurf von Louize Perdieus & Studio Lannoo, Mieke Verloigne
Satz im Verlag
Druck und Bindung: CPI books GmbH, Leck
Printed in Germany

FSC www.fsc.org
MIX
Papier aus verantwortungsvollen Quellen
FSC® C083411

CPI Mehr Bäume. Weniger CO_2. www.cpi-print.de/umwelt